DEN ULTIMATIVE ELEKTRISKE RYGERGUIDE FOR BEGYNDERE

100 SMAGFULDE RØGEDE OPSKRIFTER

Josefine Svensson

Alle rettigheder forbeholdes.

Ansvarsfraskrivelse

Oplysningerne i denne e-bog er beregnet til at tjene som en omfattende samling af strategier, som forfatteren af denne e-bog har forsket i. Resuméer, strategier, tips og tricks anbefales kun af forfatteren, og læsning af denne e-bog garanterer ikke, at ens resultater nøjagtigt vil afspejle forfatterens resultater. Forfatteren af e-bogen har gjort alle rimelige anstrengelser for at give aktuelle og nøjagtige oplysninger til e-bogens læsere. Forfatteren og dens medarbejdere vil ikke blive holdt ansvarlige for eventuelle utilsigtede fejl eller udeladelser, der måtte blive fundet. Materialet i e-bogen kan indeholde oplysninger fra tredjeparter. Tredjepartsmateriale omfatter meninger udtrykt af deres ejere. Som sådan påtager forfatteren af e-bogen sig ikke ansvar eller ansvar for noget tredjepartsmateriale eller udtalelser.

E-bogen er copyright © 2022 med alle rettigheder forbeholdt. Det er ulovligt at viderdistribuere, kopiere eller skabe afledt arbejde fra denne e-bog helt eller delvist. Ingen dele af denne rapport må gengives eller gentransmitteres i nogen form for reproduceret eller gentransmitteret i nogen som helst form uden skriftligt udtrykt og underskrevet tilladelse fra forfatteren.

INDHOLDSFORTEGNELSE

INDHOLDSFORTEGNELSE..3

INTRODUKTION...7

   1. CHEDDAR SCONES..9
   2. KYLLING TE SANDWICH...11
   3. PURLØGSKARTOFFELPANDEKAGER..13
   4. AVOCADO FYLDT MED RØGET FISK...16
   5. BACON OG RØGEDE ØSTERS..19
   6. BAGTE ÆG MED RØGET LAKS...21
   7. KARTOFFELCHIPS MED RØGET LAKS...23
   8. POCHERET ÆG OG RØGET LAKS...26
   9. KONSERVEREDE ÆGGEBLOMMER..29
  10. SALTLAGEDE ÆG..31
  11. LIDT RØGET SOJASAUCEÆG...34
  12. KARRY SYLTEDE ÆG..37
  13. ROESYLTEDE ÆG..40
  14. MAJSMUFFINS MED RØGET KALKUN..43
  15. RØGET LAKS MED KARTOFFELPANDEKAGER..45
  16. RØGEDE SOMMERVANDMELONSPYD..48
  17. RØGET OSTET TOMATDIP...50
  18. RØGET MAYOKARTOFFELSALAT..53
  19. VARME OG KRYDREDE RØGEDE SVAMPE...55
  20. CITRUSAGTIG RØGET HUMMUS..57
  21. RØGET MAYO-ÆG MED BACON..59
  22. HJEMMELAVET RYGEOST..62
  23. RØGET HÅNDVÆRKSBACON OG KRABBEKØD...64
  24. RØGET HONNINGBRØD...67
  25. RØGET HONNINGSPRØD MED BACON..71
  26. OST RAVIOLI MED RØGET SAUCE..75
  27. LOG FRA RØGET LAKS..78
  28. FLÆSKESVÆR..80

29. Laksekroketter...83
30. Honningkonserverede pistacienødder...85
31. Lækker røget hellefisk...88
32. Røget rejetilapia..91
33. Cajun krydret røget rejer..94
34. Timian Herbed Røget Havaborre..96
35. Kielbasa røget pølse rejeblanding...99
36. Basilikum røgede rejer og kammusling kebab........................101
37. Sort litchi te røget hummer..103
38. Cannellini og røget hvidfiskdip..106
39. Varmrøget fisk..108
40. Saltet og tørret torsk..110
41. Lakse jerky..112
42. Tun på dåse..114
43. Røget BBQ kyllingevinger...116
44. Røget Avocado Cornish Høns..118
45. Røget citrusagtig kyllingebryst..120
46. Krydret rig røget kylling...123
47. Varm Sauce Røgede Kyllingevinger...126
48. Te røget kylling...129
49. Jasmin te røget and..132
50. Andeconfitering...135
51. Andebryst prosciutto...138
52. Røget kalkunben..141
53. Thanksgiving kalkun jerky..143
54. Peberagtig røget bryst...145
55. Big Game Rubbed Smoked Pulled Pork..................................148
56. Hvidløg røget svinekød..151
57. Røget lammefrikadeller...154
58. Grundlæggende beef jerky..156
59. Syrlig orange beef jerky...158
60. Miso-yoghurt oksekød...160
61. Stort spil jerky..162
62. Amerikansk tørret frugt og kød...164
63. Sydafrikansk tørret kød..166
64. Marokkansk konserveret lam..169

65. Sprængt oksekød..172
66. Pastrami..175
67. Salt flæsk..177
68. Skål med røgede gulerødder og kartofler.....................179
69. Røget hvidløg rosenkål......................................181
70. Brændt bacon med grønne bønner..............................183
71. Røgede vandmelonspyd..185
72. Røgede ostesvampe...187
73. Røgede grøntsager med kyllingekrydderi......................189
74. Røget mayokartoffelsalat....................................192
75. Røgede grøntsager med flødemajs.............................196
76. Røget peberagtig okra.......................................199
77. En pande koldrøget ost......................................201
78. Røgede bønner og dijonsennepssalat..........................203
79. Rapsolie røgede svampe......................................206
80. Røgede grøntsager med svampe................................208
81. Kanel røget agern squash....................................211
82. Røget gul squash med svampe.................................213
83. Fløde af røget tomatsuppe...................................215
84. Fløde af kål suppe..218
85. Hønsefond...221
86. Bacalao og oliven gryderet..................................223
87. Andeconfit og æblesalat.....................................226
88. Røget fiskesalat..229
89. Majsbrødssalat..231
90. Grillet rødbeder og røget ørredsalat........................233
91. Stenhummer og røget ørred...................................236
92. Røget aubergine salat.......................................239
93. Chokoladebudding med røget is...............................242
94. Røgede ferskner med vaniljeis...............................246
95. Røget laks cheesecake.......................................248
96. Majs og røget kalkunbudding.................................251
97. Tranebærkiks..254
98. Cremet røget laks og dildtærte..............................257
99. Agurkerunder med røget laks.................................260
100. Latkes med røget laks......................................262

KONKLUSION..**265**

INTRODUKTION

I dag vokser interessen for BBQ som aldrig før, med lokale konkurrencer dukker op over det hele og langsomt tilberedt, røget kød på vej fra svære at finde skurvogne til velplejede forstadskvarterer. Folk elsker grill og udtrykker den kærlighed ved at lære, hvordan man gør det. Hvis du har besluttet dig for at lære håndværket, eller selv hvis du har kogt et par numser i din dag, er du sikkert stødt på de millioner blogs, fora, bøger og magasiner, der er tilgængelige for dem, der ønsker at udføre kødædende alkymi , og du er sandsynligvis blevet overvældet af det hele. Det ved jeg, at jeg også var.

I dag er ordet grill synonymt med udendørs grill, men i lang tid blev de betragtet som meget forskellige. Historien om grillning og grill, og hvordan de er forbundet, kan til tider være forvirrende, men den ene ting, som historikere er enige om, er, at grill stammer fra det indianske ord "barbacoa", som var ordet for en hævet træstativ, der blev brugt blandt andet at tilberede kød og anden mad over lavt bål i længere tid. I dag bruger flere og flere mennesker gas- eller elgrill, der giver dem mulighed for at justere varmen til hurtig grillning eller langsom grill. Og der er fortsat stor efterspørgsel efter trægrill

Alle disse forskellige metoder kan skabe forskellige smagsoplevelser, hvilket giver mere forskelligartede tilføjelser til aftensmaden. En almindelig måde at lave mad på er at bruge en grill, mere specifikt til grill. Her er hvordan denne madlavningsstil blev populær. I årenes løb er der sket mange ændringer i den måde, folk laver mad på, og specifikt den måde, folk griller deres kød på. Griller er gået fra at være ineffektive og rodede til at være populære og afslappende madlavningsmetoder, der bruges af verden i dag. Oprindeligt foregik al grillning og grillning med træstammer som den eneste brændstofkilde. Energi fra forbrændingen tilberedte kødet, og røg fra træet og fra dryppende saft gav en karakteristisk forførende duft, der er essensen af grillmad. Men det er svært at kontrollere energi og smag, når man laver mad med brænde, så i dag,

1. Cheddar scones

Udbytte: 8 portioner

Ingrediens

- 4 kopper kiksblanding
- 1¼ kop mælk
- 2 æg
- ¼ kop smør; smeltede
- 2½ kop fintrevet cheddarost
- Røget kalkun; tynde skiver

1. Kombiner kiksblanding, mælk, æg, smør og ost; bland godt, indtil ingredienserne er fugtet.

2. Læg spiseskefulde af på en let smurt bageplade. Forvarm ovnen til 400ºF; bages i 12 til 14 minutter eller indtil de er gyldenbrune. Tag den ud af ovnen og afkøl lidt, inden den fjernes fra bagepladen.

3. Til servering skæres scones i halve og fyldes med en lille skive kalkun.

2. Kylling te sandwich

Udbytte: 12 portioner

Ingrediens

- 3 kopper kylling bouillon; eller vand
- 2 hele udbenede kyllingebryst; med hud
- 1 kop mayonnaise
- ⅓ kop hakket skalotteløg
- 1 tsk hakket frisk estragon
- 24 skiver Hjemmelavet hvidt brød; meget tynde skiver
- ½ kop finthakkede røgede mandler

1. Bring bouillon eller vand i kog i en dyb stegepande og tilsæt kyllingebryst i ét lag. Reducer varmen og pocher kyllingen ved at simre, vend én gang, 7 minutter.

2. I en skål røres kylling, ½ c mayonnaise, skalotteløg, estragon og salt og peber sammen efter smag.

3. Lav 12 sandwich med kyllingesalat og brød, pres forsigtigt sammen.

4. Med en 2" rund fræser skæres 2 runder fra hver sandwich.

5. Læg mandler på en lille tallerken og spred kanter af rundstykker med resterende ½ c mayonnaise for at dække godt. Rul kanterne i mandler.

3. Purløgskartoffelpandekager

Udbytte: 6 portioner

Ingrediens

- 2 pund rødbrune kartofler; skrællet og skåret i tern
- 1 mellemstor løg; skåret i stykker
- 2 spsk Matzo Meal; eller universalmel
- 2 æg; adskilt
- 4 spiseskefulde Frisk Purløg; hakket
- 2 tsk salt
- ½ tsk hvid peber
- ⅔ kop majsolie; til stegning
- 6 ounce røget laks; tynde skiver
- 3 ounce gylden kaviar

1. Hak kartofler og løg i en foodprocessor. Overfør indholdet af arbejdsskålen til en stor skål.

2. Sæt en stor si over den mellemstore skål. Læg kartoffel- og løgblandingen i en si og tryk godt for at udtrække væsker; reserve væsker.

3. Kom kartoffelblandingen tilbage i en stor skål. Bland matzomel, æggeblommer, purløg, salt og peber i. Tilsæt pasta til kartoffeldej. Pisk æggehvider stive, men ikke tørre; fold i dejen.

4. Opvarm ⅓ kop olie i hver af 2 tunge store pander over medium-høj varme. Drop 1 dynger spiseskefuld kartoffeldej pr. pandekage i varm olie; fordel hver til 3" diameter. Kog pandekager, indtil bunden er brun

4. Avocado fyldt med røget fisk

Udbytte: 4 portioner

Ingrediens

- 4 hårdkogte æg
- ¼ kop mælk
- ¼ kop siet frisk limesaft
- ¼ teskefuld sukker
- ½ tsk salt
- ⅓ kop vegetabilsk olie
- 2 spsk olivenolie
- ½ pund Røget hvidfisk
- 2 store modne avocadoer
- 12 strimler frisk rød peberfrugt

1. I en dyb skål moses æggeblommerne og mælken sammen med en ske eller bordgaffel, indtil de danner en jævn pasta. Tilsæt 1 spsk af limesaften, sukkeret og saltet.

2. Pisk derefter vegetabilsk olie i, en teskefuld eller deromkring ad gangen; sørg for, at hver tilsætning er absorberet, før du tilføjer mere. Tilsæt olivenolien i teskefulde under konstant pisk. Rør den resterende limesaft i saucen og smag til.

3. Kom fisken i en skål og fliser den fint med en gaffel. Tilsæt de hakkede æggehvider og saucen, og vend forsigtigt, men grundigt sammen.

4. Hæld fiskeblandingen i avocadohalvdelene

5. Bacon og røgede østers

Udbytte: 15 portioner

Ingrediens

- 2 dåser røget østers
- ¼ kop let vegetabilsk olie
- ½ pund baconstrimler
- 40 runde trætandstikkere
- 3 spsk hvidløg, hakket

1. Skær baconstrimler i tredjedele.

2. Vikl en baconskive omkring hver østers og sæt en tandstik igennem for at holde den på plads.

3. Varm olie op i en mellemstor stegepande og tilsæt hvidløg.

4. Kog indpakkede østers i olie, indtil bacon er sprødt.

5. Fjern fra panden og afdryp på et køkkenrulle for at dræne.

6. Bagte æg med røget laks

Udbytte: 2 portioner

Ingrediens

- 2 spsk Smør
- 3 spsk Bløde brødkrummer
- 2 æg
- 1 fed hvidløg; hakket
- 2 ounce flødeost
- 2 ounce røget laks; skåret i skiver
- 2 ounce skarp cheddarost; revet
- 1 tomat; tykke skiver

1. Smørgryderetter. Tryk 2 til 3 teskefulde brødkrummer på bunden og siderne af hver. Blend de resterende krummer med 1 T. smør, reserver. Bræk et æg i hver ret. Mos hvidløg med flødeost og læg det forsigtigt over æg. Tilføj røget laks, fold lange strimler efter behov.

2. Drys revet cheddar over laksen. Læg 1 fed tomatskive. Smuldr halvdelen af brødkrummerne over hver ret og bag dem i 350° ovn i 8 til 15 minutter (afhængigt af hvordan du nyder dine æg), og steg derefter i 2 til 3 minutter, indtil toppen er brunet og let sprød. Server med det samme.

7. Kartoffelchips med røget laks

Udbytte: 50 Servering

Ingrediens

- 2 rødbrune kartofler
- Olivenolie
- 14 oz røget laks -- skåret i skiver
- 6 oz yoghurtost
- 1 tsk fintrevet citronskal
- 2 spsk hakket purløg
- 2 spiseskefulde snittet frisk dild
- Salt og friskkværnet: sort peber
- Dildkviste og purløg til : pynt

1. Forvarm ovnen til 375 grader. Beklæd 2 store bageplader med bagepapir. Med en mandolin eller anden manuel skæremaskine skæres kartoflerne i $\frac{1}{8}$-tommers skiver. Læg skiverne på en pande med bagepapir og pensl med olie. Drys kartofler med salt og peber. Bag kartofler midt i ovnen, indtil de er gyldne, 15 ~ 20 minutter, og overfør straks skiverne med en spatel til en rist for at køle helt af. Trim laks og skær i cirka 1 x 3-tommer skiver eller 50 uregelmæssigt formede stykker.

2. Kombiner yoghurt-ost med citronskal, purløg og dild. Top hver kartoffelchip med 1 tsk yoghurt-ost og 1 skive røget laks. Pynt med dild, pynt tallerken med hel purløg.

8. Pocheret æg og røget laks

Udbytte: 4 portioner

Ingrediens

- ½ kop creme fraiche
- 3 spsk klippet purløg
- 2 spsk hvidvin
- salt; at smage
- friskkværnet sort peber; at smage
- 4 store æg
- 4 store netop bagte kartofler
- 4 ounce røget laks; julienned
- 1 klippet purløg
- 1 finthakket rødløgskaviar

1. I en lille skål kombineres creme fraiche, purløg og hvidvin; smag til med salt og peber. Sæt til side. I en lav gryde eller stegepande bringes 2 tommer koldt vand og eddike i kog over medium varme. Reducer varmen, indtil vandet simrer forsigtigt. Bryd æg, et ad gangen, i en ramekin eller kaffekop. Hold ramekin så tæt som muligt på vandet, og læg forsigtigt ægget ned i vandet. Pocher æg 3 minutter for meget blødt kogt, 5 minutter for medium-blødt.

2. Brug en hulske til at tage æg ud. Tør om nødvendigt forsigtigt med køkkenrulle. Skær toppen af bagte kartofler i skiver og pres. Top med æggene og krydsede laksestrimler

over. Brug en klemflaske eller en teske, og dryp cremefraiche sauce over laks og omkring kartofler.

3. Pynt dekorativt med purløg, løg og kaviar og server med det samme.

9. Konserverede æggeblommer

Ingrediens

- 1½ dl sukker
- 1½ kop kosher salt
- 8 æg

1. Kombiner 1 kop sukker og 1 kop salt i bunden af en 8-tommers firkantet pande eller beholder, der er stor nok til at indeholde otte æggeblommer uden at røre.

2. Brug bagsiden af en suppeske til at forme otte jævnt fordelte fordybninger i salt- og sukkerkuren. Grav ikke for dybt; du vil have, at hver del af bunden af blommen rører sukker og salt.

3. I et separat fad adskilles et æg. Overfør forsigtigt æggeblommen i en af fordybningerne, og reserver æggehviden til anden brug. Følg trop med resten af æggene, et ad gangen. Det er okay, hvis du ved et uheld knækker en blomme, men det er bedst at holde dem intakte.

4. Hæld forsigtigt den resterende ½ kop sukker og ½ kop salt oven på blommerne for at danne små bunker. Sørg for, at blommerne er dækket helt.

5. Dæk fadet eller beholderen med et tæt låg eller plastfolie. Flyt det forsigtigt til køleskabet og lad blommerne hærde i 4 dage.

6. Læg en rist på en bageplade. Læg blommerne på risten, og skub derefter gryden ind i ovnen. Lad dem tørre og færdighærde i 35 minutter. Dine blommer er nu klar til at blive brugt.

10. Saltlagede æg

Ingrediens

- 6 æg

- ¾ kop kosher salt 3 kopper vand

1. Placer en 3-quart (eller større) beholder med låg på en stabil overflade på et køligt, væk fra direkte sollys. Placer forsigtigt de hele æg inde i beholderen, og pas på ikke at knække dem, mens du går.

2. Kom salt og vand i en kande og rør, indtil du har en uklar lage. Hæld forsigtigt saltlagen over æggene, så de dækker dem helt.

3. Lad æggene sidde i saltlagen i mindst 5 uger. Efter 12 uger vil de være for salte til at nyde. Der vil ikke være nogen visuel ændring i æggene.

4. For at tilberede æggene placeres en lille gryde oven på komfuret. Fjern forsigtigt æggene fra saltlagen og læg dem forsigtigt i bunden af gryden

Hæld en kande frisk vand over æggene for at dække dem helt. Dæk gryden til og kog over høj varme, indtil vandet koger hurtigt. Sluk for varmen, hold gryden tildækket og indstil en timer på 6 minutter.

Når tiden er gået, skal du straks dræne æggene og derefter køre dem under koldt vand, indtil de er kølige nok til at håndtere. Brug med det samme, eller stil i køleskabet i op til 1 uge.

5. Til servering skal du forsigtigt rulle et æg for at knække skallen over det hele. Pil ægget. Hviden bliver sat, men blød, og

blommen bliver meget fast og lys. Spis æggene hele, del dem i to på langs eller hak.

11. Lidt røget sojasauceæg

Ingrediens

- 6 æg
- 1½ dl vand
- 1 kop sojasovs
- 2 spsk riseddike
- 2 spsk sukker
- 4 teskefulde lapsang souchong te, i en tepose eller tekugle for nem fjernelse

1. Læg forsigtigt æggene i et enkelt lag i en mellemstor gryde og dæk med 2 tommer vand. Dæk gryden til og kog over høj varme, indtil vandet koger hurtigt. Sluk for varmen, hold gryden tildækket og indstil en timer på 6 minutter. Når tiden er gået, skal du straks dræne æggene og derefter køre dem under koldt vand, indtil de er kølige nok til at håndtere.

2. Sæt gryden tilbage på komfuret og tilsæt vand, sojasovs, eddike, sukker og te. Bring denne saltlage i kog, under omrøring for at opløse sukkeret. Sluk for varmen og dæk saltlagen for at holde den varm.

3. I mellemtiden knækker du æggeskallerne for at få et marmoreret æg, eller pil dem helt for et glat udseende og mere sojasovssmag. For at knække en æggeskal skal du forsigtigt banke dens top og bund mod bordpladen og derefter rulle den langs siden. Hvis du piller æggene helt, for at få det bedste resultat, skal du begynde at pille æggene fra den store, runde top, hvor du vil bemærke en lille lomme med plads under skallen.

4. Anbring de revne eller flåede æg i en 1½ liter dåse. Kassér teen og hæld saltlagen over æggene for at nedsænke dem helt. Hvis æggene flyder, så vægt dem ned med en lille lynlåspose fuld af vand.

5. Dæk æggene til og stil dem på køl i mindst 6 timer, så de får smagen af saltlagen.

12. Karry syltede æg

Ingrediens

- 6 æg
- 2 spsk spidskommen frø
- 2 tsk malet koriander
- 1½ dl vand
- 1 kop æblecidereddike
- 3 fed hvidløg, knust og pillet
- 3 tynde skiver frisk ingefær
- 2 tsk stødt gurkemeje
- 2 tsk sorte peberkorn
- 2 tsk kosher salt

1. Læg forsigtigt æggene i et enkelt lag i en mellemstor gryde og dæk med 2 tommer vand. Dæk gryden til og kog over høj varme, indtil vandet koger hurtigt. Sluk for varmen, hold gryden tildækket og indstil en timer på 6 minutter.

2. Tilsæt spidskommen og koriander og rist ved middel varme under jævnlig omrøring, indtil de dufter, cirka 2½ minut. Tilsæt straks 1½ dl vand for at stoppe kogningen, og tilsæt derefter eddike, hvidløg, ingefær, gurkemeje, peberkorn og salt. Bring varmen op til høj og kog saltlagen op.

3. I mellemtiden knækker du en æggeskal ved forsigtigt at banke dens top og bund mod bordpladen, og rul den derefter langs siden.

4. Læg de flåede æg i en 1½ liter dåse. Hæld saltlagen (inklusive dens faste stoffer) over æggene for at nedsænke dem i saltlagen.

5. Dæk æggene til og stil dem på køl i mindst 4 dage, så de får smagen af saltlagen.

13. Roesyltede æg

•

Ingrediens

- 6 æg
- 1 meget lille rødbede, skrællet og skåret i kvarte
- 1 fed hvidløg, knust og pillet
- 2 tsk sukker
- 2 tsk kosher salt
- 1 tsk sorte peberkorn
- $\frac{1}{2}$ tsk selleri frø
- $\frac{1}{2}$ tsk dildfrø
- $\frac{1}{4}$ tsk rød peberflager (valgfrit)
- 2 hele nelliker
- 1 lille laurbærblad
- $1\frac{1}{2}$ dl vand
- $\frac{3}{4}$ kop æblecidereddike

1. Læg forsigtigt æggene i et enkelt lag i en mellemstor gryde og dæk med 2 tommer vand. Dæk gryden til og kog over høj varme, indtil vandet koger hurtigt. Sluk for varmen, hold gryden tildækket og indstil en timer på 6 minutter.

2. Kom rødbeder, hvidløg, sukker, salt, peberkorn, sellerifrø, dildfrø, peberflager, nelliker, laurbærblad, vand og eddike i gryden ved høj varme. Bring denne saltlage i kog, under omrøring for at opløse sukker og salt.

3. I mellemtiden knækker du en æggeskal ved forsigtigt at banke dens top og bund mod bordpladen og derefter rulle den langs siden.

4. Læg de flåede æg i en $1\frac{1}{2}$ liter dåse. Hæld den varme lage over æggene

14. Majsmuffins med røget kalkun

Udbytte: 36 Servering

Ingrediens

- 1½ kop gul majsmel
- 1 kop mel, sigtet til alle formål
- ⅓ kop sukker
- 1 spsk bagepulver
- 1 tsk salt
- 1½ kop mælk
- ¾ kop smør, smeltet, afkølet
- 2 æg, let pisket
- ½ pund røget kalkunbryst, i tynde skiver
- ½ kop tranebærrelish eller honningsennep

1. Forvarm ovnen til 400 grader. Smør muffinsforme. Kom majsmel, mel, sukker, bagepulver og salt i en stor skål. Bland mælk, smør og æg sammen i en mellemstor skål. Rør mælkeblandingen i majsmelblandingen, indtil den lige er fugtet. Hæld dejen i muffinsforme. Bages til de er gyldne, 14-16 minutter. Lad afkøle på rist i fem minutter. Fjern fra pander og lad køle helt af.

2. For at servere, læg en lille mængde røget kalkun på en skiveskåret muffin, der er blevet spredt med tranebærrelish eller honningsennep.

15. Røget laks med kartoffelpandekager

Udbytte: 2 portioner

Ingrediens

- 150 gram kartoffelmos
- 15 milliliter hvidt mel
- 30 milliliter mælk
- 2 æg, pisket
- Salt og friskkværnet sort peber
- 1 salatløg; fint hakket
- 100 gram røget laks
- 1 spsk olivenolie
- 225 gram Letrøget laksefilet
- 2 æg, pocheret

1. Bland kartoffel, mel, mælk, æg og krydderier til en jævn dej.
2. Rør løg og laks i.
3. Varm en stegepande op, tilsæt lidt olie og kom en stor skefuld af blandingen i. Blandingen skal lave omkring 6-8 pandekager, hver 8 cm (3") i diameter. Steg hver side i 1-2 minutter ved middel varme eller indtil de er gyldenbrune. Stil til side og hold varm. Varm olivenolien i en stegepande,

tilsæt skiverne af let røget laksefilet og steg i 1 minut på hver side.

16. Røgede sommervandmelonspyd

Serverer 5

Ingrediens

- 1 lille vandmelon uden kerner
- Balsamicoeddike
- Træspyd
- Skær enderne af små vandmeloner uden kerner

Skær vandmelonen i 1-tommers terninger. Kom ternene i en beholder og dryp eddike på ternene af vandmelon.

Forvarm den elektriske ryger til 225°F (107°C). Tilsæt træflis og vand til den elektriske ryger, før du starter forvarmningen.

Læg ternene på spyddene.

Læg spyddene på den elektriske rygerist i 50 minutter. Laver mad.

Fjern spyddene. Tjene!

17. Røget ostet tomatdip

Serverer 4

Ingrediens

- 8 ounce (227 g) røget mozzarellaost, revet
- 8 ounce (227 g) Colby ost, revet
- 1 kop parmesanost, revet
- 1 kop creme fraiche
- 1 kop soltørrede tomater
- 1 og ½ tsk salt
- 1 tsk friskkværnet peber
- 1 tsk tørret basilikum
- 1 tsk tørret oregano
- 1 tsk rød peberflager
- 1 fed hvidløg, hakket
- 1 tsk løgpulver fransk toast, servering

Forvarm din elektriske ryger til 275 grader Fahrenheit (135 °C) ved at bruge dit foretrukne træ

Tag en stor skål og rør oste, tomater, peber, salt, basilikum, oregano, rød peberflager, hvidløg, løgpulver i og bland godt

Overfør blandingen til en lille metalpande og overfør til en elektrisk ryger. Røg i 1 time. Server med ristet franskbrød God fornøjelse!

18. Røget Mayokartoffelsalat

Serverer 4

Ingrediens

- 2 lb (907 g) kartofler
- 2 spsk olivenolie
- 2 kopper mayonnaise
- 1 spsk hvidvinseddike
- 1 spsk tør sennep
- ½ løg, hakket
- 2 selleristængler, hakket
- Salt og peber efter smag

Overtræk kartoflerne med olie.

Røg kartoflerne i træpillegrillen ved 180 grader F i 20 minutter.

Øg temperaturen til 450 grader F (232 °C) og kog i 20 minutter mere. Overfør til en skål og lad afkøle.

Skræl kartofler. Skær i tern.

Stil på køl i 30 minutter. Rør resten af ingredienserne i.

19. Varme og krydrede røgede svampe

Serverer 6

4 kopper Shiitake svampe

1 spsk rapsolie

1 tsk løgpulver

1 tsk granuleret hvidløg

1 tsk salt

1 tsk peber

Bland alle ingredienserne sammen

Påfør blandingen generøst over svampene.

Forvarm den elektriske ryger ved 180°F (82°C). Tilsæt træflis og en halv skål vand i sidebakken.

Læg den i den elektriske ryger og ryg i 45 minutter. Serveres varm og nyd.

20. Citrusagtig røget hummus

Serverer 6

1½ dl kikærter, skyllet og drænet

¼ kop tahin

1 spsk hvidløg, hakket

2 spsk ekstra jomfru olivenolie

1 tsk salt

4 spsk citronsaft

Tænd grillen til 177°C (350°F). Brug de ønskede træpiller ved madlavning. Luk låget og forvarm i 15 minutter.

Fordel kikærterne på en bageplade og læg dem på grillristen. Ryg i 20 minutter.

Lad kikærterne køle af ved stuetemperatur.

Kom røgede kikærter i en blender eller foodprocessor. Tilsæt resten af ingredienserne. Puls indtil glat.

Server eventuelt med ristede grøntsager.

21. Røget Mayo-æg med bacon

Serverer 6

6 store æg

1 skive bacon

¼ kop mayonnaise

1 tsk dijonsennep

1 tsk æblecidereddike

1 tsk paprika Knip kosher salt

1 spsk purløg, hakket

Forvarm pillegrillen til 180°F (82°C), og slå røgindstillingen til, hvis det er relevant.

Bring en gryde med vand i kog. Tilsæt æg og hårdkog æg i cirka 12 minutter.

Tag æggene ud af gryden og læg dem i et is-vandbad. Når æggene er kølet helt af, skrælles de og skæres i halve på langs.

Læg hakkede æg på grillen med blommesiden opad. Ryg i 30 til 45 minutter, alt efter hvor meget røget smag du ønsker.

Mens æg ryger, koges bacon til det er sprødt.

Tag æggene ud af grillen og lad dem køle af på en tallerken.

Fjern blommerne og læg dem alle i en lille skål. Læg æggehviderne på en tallerken.

Mos blommer med en gaffel og tilsæt mayonnaise, sennep, æblecidereddike, paprika og salt. Rør indtil kombineret.

Hæld en ske af æggeblommeblandingen tilbage i hver æggehvide.

Drys paprika, purløg og sprøde baconstykker til pynt. Server og nyd!

22. Hjemmelavet rygeost

Serverer 4

1 (2-pund / 907-g) blok medium cheddarost, eller din yndlingsost, delt i kvarte på langs

Forsyn din elektriske ryger med træpiller og følg producentens specifikke opstartsprocedure. Forvarm grillen med låget lukket til 90°F (32°C).

Læg osten direkte på grillristen og ryg i 2 timer, 30 minutter, tjek jævnligt for at være sikker på, at den ikke smelter. Hvis osten begynder at smelte, så prøv at vende den. Hvis det ikke hjælper, skal du fjerne det fra grillen og stille det på køl i cirka 1 time og derefter returnere det til den kolde elektriske ryger.

Fjern osten, læg den i en pose med lynlås og stil den på køl natten over.

Skær osten i skiver og server med kiks, eller riv den og brug den til at lave en røget mac and cheese.

23. Røget håndværksbacon og krabbekød

Serverer 6 til 8

- 12 store jalapeño peberfrugter
- 8 ounce (227 g) flødeost, ved stuetemperatur
- Finrevet skal af 1 citron
- 1 tsk Old Bay krydderi, eller efter smag
- 8 ounce (227 g) krabbekød, drænet, plukket og fintrevet eller hakket
- Sød eller røget paprika, til drys
- 12 strimler håndværksbacon, skåret på tværs i to

Opsæt din elektriske ryger efter producentens instruktioner og forvarm til 350°F (177°C). (Ja, jeg ved, at dette er varmere end den konventionelle lave og langsomme metode – det giver dig sprødere bacon.) Tilføj træet som specificeret af producenten.

Skær hver jalapeño i to på langs, skær gennem stilken og lad den sidde.

Skrab frø og årer ud; en grapefrugtske eller melonballer fungerer godt til dette. Arranger jalapeño-halvdelene på en rist med snitsiden opad.

Kom flødeosten i en røreskål. Tilsæt citronskal og Old Bay-krydderi og pisk med en træske til det er lyst. Fold forsigtigt krabben ind.

Hæld en bunke spiseskefuld krabbeblanding i hver jalapeño-halvdel, og sæt den ind mod midten. Drys med paprika.

Pak hver jalapeño-halvdel ind med en stribe bacon (du vil have fyldet blotlagt i hver ende).

Sæt baconen fast med en tandstik og anbring poppersene i et enkelt lag på risten.

Placer trådstativet i den elektriske ryger. Røg poppers indtil bacon og fyldet er brunet og peberfrugterne er møre (klem dem mellem tommel- og pegefinger), 30 til 40 minutter.

Overfør poppers til et fad. Lad afkøle lidt inden servering.

24. Røget honningbrød

Giver 1 brød

- 2 kopper ubleget hvidt universalmel eller efter behov
- 1 kop fuldkornshvedemel eller 1 ekstra kop hvidt mel
- 1 tsk groft salt (hav eller kosher), plus ekstra til at drysse
- $1\frac{1}{4}$ kopper vand, plus ekstra efter behov
- 1 kuvert ($2\frac{1}{2}$ teskefulde) tørgær
- 2 spsk honning
- 1 spsk ekstra jomfru olivenolie, plus olie til skålen, brødformen og toppen af brødet

Opsæt din elektriske ryger efter producentens instruktioner og forvarm den så lavt som muligt (200°F (93°C) eller derunder).

Fordel mel og salt i et tyndt lag (ikke mere end $\frac{1}{4}$ tomme tykt) i en aluminiumsfolieform eller på en bageplade med kant. Læg vandet i en anden foliegryde.

Sæt panderne i el-rygeren og ryg indtil det hvide mel er let brunet på overfladen og smager røget og vandet smager røget. Samlet rygetid er 15 til 20 minutter for varmrygning eller 1 til $1\frac{1}{2}$ time for koldrygning.

Lad melene afkøle til stuetemperatur. Vandet må kun afkøles til at varme 105°F (41°C).

Kom røget mel, røget salt og gær i en foodprocessor og bland det.

Tilsæt honning, olivenolie og det røgede varme vand. Bearbejd i korte stød for at opnå en blød, smidig dej. Hvis dejen er for stiv, tilsæt lidt mere varmt postevand; hvis for blød, tilsæt lidt mere mel. Alternativt kan du blande og ælte dejen i hånden eller i en røremaskine monteret med dejkrog.

Vend dejen ud på et let meldrysset skærebræt og ælt i hånden til en glat kugle.

Læg dejen i en stor let olieret skål, og vend den til olie på begge sider. Dæk med plastfolie og lad dejen hæve et lunt sted, indtil den er fordoblet, 1 til 1½ time.

Slå dejen ned, ælt den til en aflang form, og læg den i en oliesmurt brødform. Dæk med plastfolie. Lad dejen hæve igen, indtil den er fordoblet i bulk, 30 minutter til 1 time.

Indstil i mellemtiden en grill til indirekte grillning og forvarm til 400°F (204°C) eller forvarm din ovn til 400°F (204°C). Hvis din elektriske ryger går op til 400°F (204°C), kan du bage brødet i den. Ingen grund til at tilføje træ – du har allerede røget melet.

Pensl toppen af brødet med lidt mere olivenolie og drys med lidt salt.

Bag brødet, indtil toppen er brunet og fast, og bunden lyder hul, når der bankes på, 30 til 40 minutter. Flyt brødformen over på en rist og lad den køle af i 10 minutter.

Tag brødet af panden, afkøl i 10 minutter mere, skær på tværs og server lunt. Server med røget smør og røget honning.

25. Røget honningsprød med bacon

Serverer 8

Fyldet:

- 2 strimler håndværksbacon,

- 3 pund (1,4 kg) sprøde, søde æbler som Honeycrisps eller Galas $^1/_3$ kop pakket lyst eller mørkt brunt sukker, eller efter smag

- 1½ spsk universalmel

- 1 tsk fintrevet citronskal

- 1 tsk stødt kanel

- Knivspids salt

- 3 spsk bourbon

Toppingen:

- 8 spsk (1 pind) usaltet smør, skåret i ½-tommers stykker og stillet i fryseren, indtil det er iskoldt

- 1 kop knuste gingersnap cookies eller granola

- 1 kop universalmel

- 1 kop granuleret sukker

- 1 kop lys eller mørk brun farin

- Knivspids salt

- Almindelig vaniljeis, til servering (valgfrit)

Indstil din grill til indirekte grillning og forvarm til 400°F (204°C).

Steg baconen i en 10-tommers støbejernsgryde ved middel varme under omrøring med en hulske, indtil den er sprød og gyldenbrun, 4 minutter. Overfør baconen til en stor skål.

Hæld fra og reserver baconfedtet til anden brug. Tør eller vask ikke panden.

Skræl og udkern æblerne og skær dem i 1-tommers stykker. Tilsæt dem til baconen. Rør sukker, mel, citronskal, kanel og salt i. Rør bourbonen i.

Smag blandingen til for sødme, tilsæt sukker efter behov. Hæld fyldet i gryden.

Kom smør, kagekrummer, mel, hvidt og brunt sukker og salt i en foodprocessor.

Kværn til en groft blanding, kør processoren i korte ture. Overbearbejd ikke; blandingen skal forblive løs og smuldrende som sand. Drys toppingen over æblerne.

Placer crispen på grillen eller elektrisk rygerist væk fra varmen. Tilsæt træet til kullene og dæk grillen.

Røgsteg sprøden, indtil toppingen er brunet og bobler, æblerne er bløde (de skal være nemme at gennembore med et spyd), og fyldet er tykt, 45 minutter til 1 time.

Server den sprøde varm fra grillen eller elektrisk ryger. Ekstra point for at toppe den med røget is.

26. Ost ravioli med røget sauce

Udbytte: 4 portioner

Ingrediens

- 4 mellemstore tomater; skåret i halve
- ¼ lille løg
- 1 kop Merlot
- 2 tsk olivenolie
- 1 tsk Flydende røgsmag
- 1 fed hvidløg; hakket
- Oregano; at smage
- Basilikum; at smage
- Salt og hvid peber; at smage
- 1 pund Frisk eller frossen ost ravioli
- Revet parmesanost

1. Kombiner tomater og løg med nok vand til at dække i gryden. Bring i kog. Kog i 5 minutter; dræne. Kom tomater, løg, Merlot, olivenolie, flydende røg, hvidløg, oregano og basilikum i en blenderbeholder. Behandl ved lav hastighed i 10 sekunder eller indtil groft hakket. Hæld i gryde.

2. Lad det simre i 30 minutter, under omrøring af og til. Smag til med salt og hvid peber.

3. Kog ravioli ved at bruge pakkens anvisninger; dræne. Overfør til serveringsfad eller pastaskål. Top med tomatblandingen; drys med parmesanost.

27. Log fra røget laks

Udbytte: 1 portion

Ingrediens

- 16 ounce rød laks
- 8 ounce flødeost
- 1 spsk hakket løg
- $\frac{1}{8}$ teskefuld Flydende røg
- 2 fed hvidløg; hakket
- $\frac{1}{2}$ kop hakkede mandler
- 3 spsk Persille

1. Kom laks, ost, løg, flydende røg og hvidløg i en skål. Form til en log.

2. Bland skivede mandler og persille.

3. Rul log-in-blandingen, pak den derefter ind i plastfolie og stil den på køl i mindst 1 time.

28. Flæskesvær

- 2 pund svineskind

- Cirka ¼ kop kosher salt

- 5 kopper vegetabilsk olie

- 2 spsk sukker

- ½ tsk malet cayennepeber

1. Brug en skarp kniv til at skære så meget fedt væk som muligt fra undersiden af griseskindet. Drys saltet på begge sider af skindet og læg skindet på den forberedte bageplade med fedtsiden nedad. kog i 7 til 8 timer

2. Når huden er kølig nok til at håndtere, brug dine hænder eller køkkensaks til at bryde skindet i 2-tommer stykker.

3. Opvarm olien i en wok med et slik eller frituretermometer påsat over medium-høj varme, indtil den når 360°F (182°C), 5 til 8 minutter. Mens du venter, beklæd en stor bageplade med rene papirsposer, køkkenrulle eller avispapir til afdrypning, og hav nogle lange tang klar.

4. Arbejd i partier på omkring fem svær ad gangen (de vil puste op til at være meget større end deres nuværende størrelse), tilsæt forsigtigt sværene til olien og hvirv dem rundt, indtil de puster dramatisk, omkring 30 sekunder. Fjern dem fra olien og lad dem dryppe af i et enkelt lag på den forberedte bageplade.

5. Smag på flæskesværene og smag til med yderligere salt, hvis det er nødvendigt. Hvis du krydrer med sukker og cayenne, læg flæskesværene i en stor papirpose. Tilsæt sukker og cayenne og ryst posen for at dække sværene jævnt. Spis de lækre varme flæskesvær med det samme.

29. Laksekroketter

- 1 pint dåse laks, afdryppet
- ½ kop brødkrummer, kiks
- ⅓ kop finthakket frisk persille
- 1 fed hvidløg, finthakket
- ⅛ tsk friskkværnet sort peber
- 1 æg, let pisket
- ¼ kop mælk
- 2 spsk mayonnaise
- ¼ kop neutral madolie

1. Kombiner laks, brødkrummer, persille, hvidløg, peber, æg, mælk og mayonnaise i en mellemstor skål. Bland med en gaffel, indtil det er blandet, men ikke helt moset og dejagtigt. Mængden af laks

2. Opvarm olien i en mellemstor stegepande ved middel varme i 1 minut. Brug en ½ kop målebæger til at øse en lille ½ kop af lakseblandingen. Brug dine hænder til at forme den til en patty ¾ til 1 tomme tyk, og læg den derefter i gryden. Kog tre kroketter ad gangen, for ikke at overfylde panden, indtil de er gyldenbrune, 5 til 7 minutter per side. Brug en spatel til at overføre kroketterne til en rist placeret over køkkenrulle for

at dryppe af, og drys med en knivspids af det afsluttende salt før servering.

30. Honningkonserverede pistacienødder

- 1 kop ristede, saltede pistacienødder, afskallede
- ¾ kop lys honning
- ¼ kop ekstra jomfru olivenolie
- 1 afrundet tsk finthakket citronskal
- 1½ tsk finthakket frisk ingefær
- 1 tsk kosher salt
- ¼ tsk friskkværnet sort peber

1. Varm en mellemstor stegepande op over medium-høj varme i 1 minut. Rist pistacienødderne i panden, omrør eller ryst ofte, indtil de er let brunede, 3 til 5 minutter. Dette vil forstærke deres smag. Fjern nødderne fra panden og lad dem køle af. Hvis du bruger meget friske ristede nødder, der allerede har god smag, er du velkommen til at springe dette trin over.

2. Opvarm honningen i mikrobølgeovnen i 10 til 20 sekunder for at hjælpe den med at hælde og blande lettere. Hvis du ikke har en mikrobølgeovn, opvarm honningglasset i en gryde med varmt postevand i 30 til 45 sekunder, indtil det nemt kan hældes.

3. Kombiner honning, olivenolie, citronskal, ingefær, salt og peber i en mellemstor skål med en skålskraber for at blande hver sød og smagfuld dråbe af honningen.

4. Når nødderne er afkølet, tilsæt dem til honningblandingen og rør rundt for at dække dem helt.

5. Hæld blandingen i en halvliters dåseglas, dæk til og stil på køl.

31. Lækker røget hellefisk

Serverer 6

4 (6-ounce/170 g) helleflynderbøffer

1 kop ekstra jomfru olivenolie

2 tsk kosher salt

1 tsk friskkværnet sort peber

½ kop mayonnaise

½ kop sød agurk relish

1 kop finthakket sødt løg

1 kop hakket ristet rød peber

1 kop finthakket tomat

1 kop finthakket agurk

2 spsk dijonsennep

1 tsk hakket hvidløg

Gnid helleflynderbøfferne med olivenolien og krydr på begge sider med salt og peber. Overfør til en tallerken, dæk med plastfolie og stil på køl i 4 timer.

Forsyn din elektriske ryger med træpiller og følg producentens specifikke opstartsprocedure. Forvarm, med låget lukket, til 200°F (93°C).

Tag helleflynderen ud af køleskabet og gnid med mayonnaisen.

Sæt fisken direkte på grillristen, luk låget, og ryg i 2 timer, eller indtil den er uigennemsigtig og et øjeblikkeligt termometer indsat i fisken viser 140°F (60°C).

Mens fisken ryger, kombiner du pickles relish, løg, ristet rød peber, tomat, agurk, dijonsennep og hvidløg i en mellemstor skål. Stil senneps-relishen på køl, indtil den skal serveres.

Server helleflynderbøfferne varme med sennepssmag.

32. Røget rejetilapia

Serverer 5

5 ounce (142 g) friske, opdrættede tilapiafileter

2 spsk ekstra jomfru olivenolie

1 og ½ tsk røget paprika

1 og ½ tsk Old Bay krydderi

Rejefyld

1 pund (454 g) rejer, kogt og udvundet

1 spsk saltet smør

1 kop rødløg, i tern

1 kop italiensk brødkrummer

1 kop mayonnaise

1 stort æg, pisket

2 tsk frisk persille, hakket

1 og ½ tsk salt og peber

Tag en foodprocessor og tilsæt rejer, hak dem

Tag en stegepande og stil den over medium-høj varme, tilsæt smør og lad det smelte. Sauter løgene i 3 minutter

Tilsæt hakkede rejer med afkølet sauteret løg sammen med de resterende ingredienser, der er angivet under fyld Ingredienser og overfør til en skål

Dæk blandingen til og lad den stå på køl i 60 minutter. Gnid begge sider af fileten med olivenolie

Hæld $1/3$ kop af fyldet til fileten. Flad farsen ud på den nederste halvdel af fileten og fold tilapiaen på midten

Fastgør med 2 tandstikkere. Drys hver filet med røget paprika og Old Bay-krydderi

Forvarm din elektriske ryger til 400 grader Fahrenheit

Tilføj dine foretrukne træpiller og overfør fileterne til en non-stick grillbakke

Overfør til din elektriske ryger og elektrisk ryger i 30-45 minutter, indtil den indre temperatur når 145 grader Fahrenheit. Lad fisken hvile i 5 minutter og nyd!

33. Cajun krydret røget rejer

Serverer 4

4 spsk olivenolie

1 spsk Cajun krydderi

2 fed hvidløg, hakket

1 spsk citronsaft

Salt, efter smag

2 lb (907 g) rejer pillet og afveget

Kombiner alle ingredienserne i en forseglbar plastikpose. Kast for at belægge jævnt.

Mariner i køleskabet i 4 timer. Indstil Pit Boss-grillen til høj.

Forvarm den i 15 minutter, mens låget er lukket. Træk rejer på spyd.

Grill i 4 minutter på hver side. Pynt med citronbåde.

34. Timian Herbed Røget Havaborre

Serverer 4

Marinade

1 tsk Blackened Saskatchewan

1 spsk timian, frisk

1 spsk oregano, frisk

8 fed hvidløg, knust.

1 citron, saften

1 kop havaborreolie

4 havaborrefileter, skind af Chicken Rub Krydderi Seafood krydderier (som Old Bay) 8 spsk Gold Butter

Til pynt:

Timian

Citron

Lav marinaden: Kombiner ingredienserne i en Ziploc-pose og bland. Tilsæt fileterne og mariner i 30 minutter i køleskabet. Vend én gang.

Forvarm grillen til 325F med lukket låg.

Tilsæt smørret i et fad til bagning. Fjern fisken fra marinaden og hæld den i en bageform. Krydr fisken med kylling og skaldyrsrub. Læg den i bageformen og på grillen. Kog 30 minutter. Drys 1-2 gange.

Fjern fra grillen, når den indre temperatur er 160F.

Pynt med citronskiver og timian.

35. Kielbasa røget pølse rejeblanding

Serverer 12

3 lb. (1,4 kg) Rejer (store), med haler, delt.

2 lb (907 g) Kielbasa røget pølse

6 majs skåret i 3 stykker.

2 lb (907 g) Kartofler, røde

Gamle Bugt

Forvarm grillen til 275°F (135°C) med lukket låg.

Kog først pølsen på grillen. Kog i 1 time.

Øg temperaturen til høj. Krydr majs og kartofler med Old Bay. Steg nu til de er møre.

Krydr rejerne med Old Bay og steg på grillen i 20 minutter.

Bland de kogte ingredienser i en skål. Smid væk.

Krydder med Old Bay og server. God fornøjelse!

36. Basilikum røgede rejer og kammusling kebab

Udbytte: 4 portioner

Ingrediens

- ½ kop Æbletræflis
- ½ pund Store rejer
- ½ pund havmuslinger
- 1 kop hakket frisk basilikum

1. Læg æblefliserne i blød i vand i 1 time.

2. Læg fire 6-tommers bambusspyd i blød i vand i 15 minutter. Tråd skiftevis rejer og kammuslinger på hvert spyd.

3. Beklæd en wok eller en ligesidet stegepande med dobbelt tykkelse aluminiumsfolie. Dræn æblefliserne og kom dem sammen med basilikum i bunden. Indsæt en lav rist, der vil holde spyddene hævet, men stadig lade et låg passe.

4. Læg spyddene på tværs af risten og dæk gryden til. Hvis du bruger en wok, ring 2 våde håndklæder rundt om låget; til en stegepande, læg et vådt håndklæde over låget og sæt det godt fast.

5. Ryg kebaberne i 15 minutter ved medium-høj varme. Tag gryden af varmen og stil den til side i 5 minutter, før den afdækkes. Server straks.

37. Sort litchi te røget hummer

Udbytte: 4 portioner

Ingrediens

- 2 Maine hummere
- 2 kopper hvide ris
- 2 kopper brun farin
- 2 kopper sort litchi te
- 2 Moden mango
- ½ kop Jicama stave
- ½ kop mindste chiffonade
- ½ kop basilikum chiffonade
- 1 kop Mungbønnetråde, blancheret
- Krabbe fiskesauce
- 8 ark rispapir

1. Forvarm en dyb hotelpande, indtil den er meget varm. Tilsæt ris, sukker og te til en dyb pande og læg straks hummer i den lavvandede, perforerede pande ovenpå. Forsegl hurtigt med aluminiumsfolie. Når den elektriske ryger begynder at ryge, skal du ryge hummer i 10 minutter ved lav varme eller indtil den er gennemstegt. Afkøl hummer og skær derefter haler i lange strimler.

2. Kombiner jicama, minut, basilikum, bønnetråd og vend med fiskesauce.

3. Udblød rispapir i varmt vand og læg noget af blandingen på det blødgjorte papir. Indlæg røgede hummerstrimler og mangoskiver. Rul og lad stå i 10 minutter. Indpak rullerne individuelt tæt med plastfolie for at sikre, at de holder på fugten.

38. Cannellini og røget hvidfiskdip

Udbytte: 1 portion

Ingrediens

- 2 skiver Hvidt sandwichbrød; skorper fjernet
- ⅔ kop mælk (ikke-fedt) eller mælkeerstatning
- 1 dåse cannellini bønner; drænet og skyllet
- 1 pund røget hvidfisk
- 1 tsk hakket frisk hvidløg
- 1 tsk fintrevet citronskal
- 2 spsk hakkede friske krydderurter
- Salt og friskkværnet peber
- Varm pebersauce på flaske

1. Læg brød i blød i mælk i et par minutter.

2. Tilsæt bønner, hvidfisk, hvidløg og skal til en foodprocessor. Puls for at hakke groft. Tilsæt opblødt brød og mælk, og kør til en jævn masse. Puls i krydderurter og smag til med salt, peber og dråber pebersauce.

3. Opbevares tildækket og på køl i op til 5 dage.

39. Varmrøget fisk

-

- 2 spsk mørk brun farin
- 2 spsk kosher salt
- ½ tsk friskkværnet sort peber
- ½ tsk fransk malet rød chilipeber
- 2 pund skind-on laks

1. Kombiner sukker, salt, peber og chilipeber, hvis du bruger det, i en lille skål. Tør fisken grundigt og gnid den med krydderiet. Lad det sidde utildækket i køleskabet i 30 minutter.

2. Forvarm grillen og klargør dine træflis eller savsmuld.

3. Når grillen er klar til rygning, ryges fisken, indtil den indre temperatur når 140°F (60°C); timingen vil afhænge af fiskens tykkelse, men begynd at tjekke efter 1 time.

Hvis du ikke bruger et termometer, skal du stikke ind i den tykkeste del af fisken; det skal flage og virke uigennemsigtigt.

4. Lad fisken køle lidt af inden servering.

40. Saltet og tørret torsk

- 2 pund torskefileter, $\frac{1}{2}$-$\frac{3}{4}$ tomme tykke

- 2 pund kosher salt

1. Dæk bunden af en bageform (stor nok til at holde fisken i et enkelt lag) med nok salt, så du ikke kan se igennem til bunden. Læg fiskefileterne ovenpå, uden at røre dem, i et enkelt lag. Hæld salt over toppen af fisken for at begrave den helt, og tryk forsigtigt ned på saltet for at sikre, at hele fisken er dækket.

2. Stil fisken i køleskabet og lad den hærde i saltet uden låg i 4 dage, eller indtil den føles stiv og hærdet. Tjek fisken ved at afdække det ene stykke og mærke det på det tykkeste.

3. Fjern fisken fra saltet, men behold eventuelt saltet, der naturligt klæber sig til overfladen. Kassér det resterende salt tilbage i fadet.

4. det er tid til at tørre fisken. Jeg anbefaler, at du gør dette i en fødevaredehydrator, da processen er langvarig. Tør fisken ved 140°F (60°C), indtil den er stenhård, cirka 3 dage, og vend den hver 12. time eller deromkring.

5. Før servering skal du lægge bacalaoen i blød i 24 timer i nok køligt postevand til at dække den helt, og skift vandet hver 8. time. Dræn fisken og dup den tør inden tilberedning.

41. Lakse jerky

- 2 pund skin-on laksefileter

- 4 store fed hvidløg, finthakket

- 4 tsk finthakket frisk ingefær

- 1 kop sojasovs

- ¾ kop ren ahornsirup

- ¾ kop citronsaft

- Friskkværnet sort peber

- Neutral madolie

1. Dup laksen helt tør og frys den i cirka 30 minutter for at stivne den og gøre den nemmere at skære.

2. Kombiner i mellemtiden hvidløg, ingefær, sojasovs, ahornsirup og citronsaft i en mellemstor skål.

3. Skær fisken i lange, ¼- til ⅓-tommers tykke stykker. Skær mod kornet for mere ømt ryk, eller med kornet for at få fastere stykker. Tilsæt fiskestykkerne til marinaden og lad dem stå under omrøring af og til i 1 time ved stuetemperatur.

4. Træk strimlerne en efter en fra marinaden og læg dem til tørre på køkkenrulle i et fladt enkelt lag. For et krydret kick, drys fisken med sort peber eller rød peberflager. Nu er det tid til at tørre fisken.

42. Tun på dåse

•

- 1 pund tunfilet eller renset frisk tun pr. pint krukke
- 1 tsk kosher salt pr pint krukke
- ¾ kop ekstra jomfru olivenolie

1. Forvarm din ovn til 250°F (120°C).

2. Pak tunen ind i aluminiumsfolie, så den ikke tørrer ud. Læg foliepakken på en bageplade, og sæt den derefter i ovnen. Kog i cirka 1 time, eller indtil den indre temperatur på den tykkeste del af kødet når 140°F (60°C).

3. Lad fisken køle lidt af efter tilberedning og stil den derefter på køl i et par timer for at stivne kødet.

4. Efter at tunen er kogt, er den klar til konservering. Rengør pintglas med bred mund og kontroller for hakker og buler.

5. Pil tunens skind af og fjern eventuelt misfarvet kød. Hvis du kun vil have det lyse tunkød, så skær også det mørke kød væk. Skær tunen i stykker, der er store nok til at pakkes meget tæt ind i glassene.

6. Pak glassene tæt med fisken. Tilsæt 1 tsk salt pr. krukke. Dæk tunen med olie, hvis det ønskes, eller vand, hvilket efterlader 1 tomme headspace. Tør fælgene rene og læg låg på. Skru båndene på, men ikke superstram.

43. Røget BBQ kyllingevinger

Serverer 16

16 kyllingevinger

1 spsk olivenolie

1 spsk Chicken Rub

1 kop kommerciel BBQ sauce efter eget valg

Kom alle ingredienser i en skål undtagen BBQ saucen. Massér kyllingebrystene, så de er belagt med marinaden.

Stil i køleskabet til marinering i mindst 4 timer.

Fyr grillen til 350F. Brug ahorntræpiller. Luk grilllåget og forvarm i 15 minutter.

Læg vingerne på grillristen og steg i 12 minutter på hver side med låget lukket.

Når kyllingevingerne er færdige, lægges de i en ren skål.

Hæld BBQ-saucen over og vend saucen over.

44. Røget Avocado Cornish Høns

Serverer 6

6 korniske høns

3 spsk avocadoolie

6 spsk rubs efter eget valg

Fyr op for træpillen og forvarm den til 135°C (275°F).

Gnid hønsene med olie og belæg derefter generøst med rub. Læg hønsene på grillen med brystsiden nedad.

Ryg i 30 minutter. Vend hønsene og øg grilltemperaturen til 400°F (204°C). Kog indtil den indre temperatur når 165°F (74°C).

Fjern fra grillen og lad hvile i 10 minutter før servering. God fornøjelse.

45. Røget citrusagtig kyllingebryst

Serverer 6

2 citroner, skrællet og saftet

1 fed hvidløg, hakket

2 tsk honning

2 tsk salt

1 tsk kværnet sort peber

2 kviste frisk timian

½ kop olivenolie

6 udbenet kyllingebryst

Læg alle ingredienser i en skål. Massér kyllingebrystene, så de er belagt med marinaden.

Stil i køleskabet til marinering i mindst 4 timer.

Fyr grillen til 350F. Brug æbletræpiller. Luk grilllåget og forvarm i 15 minutter.

Læg kyllingebrystene på grillristen og steg i 15 minutter på begge sider.

Server med det samme eller dryp med citronsaft.

46. Krydret rig røget kylling

Serverer 6

1 æg, pisket

½ kop mælk

1 kop universalmel

2 spsk salt

1 spsk friskkværnet sort peber

2 tsk friskkværnet hvid peber

2 tsk cayennepeber

2 tsk hvidløgspulver

2 tsk løgpulver

1 tsk røget paprika

8 spsk (1 pind) usaltet smør, smeltet

1 hel kylling, skåret i stykker

Forsyn din elektriske ryger med træpiller og følg producentens specifikke opstartsprocedure. Forvarm, med låget lukket, til 375°F (191°C).

I en mellemstor skål kombineres det sammenpiskede æg med mælken og stilles til side.

I en separat medium skål røres mel, salt, sort peber, hvid peber, cayennepeber, hvidløgspulver, løgpulver og røget paprika sammen.

Beklæd bunden og siderne af en højsidet metalbradepande med aluminiumsfolie for at lette rengøringen.

Hæld det smeltede smør i den forberedte gryde.

Dyp kyllingestykkerne et ad gangen i æggeblandingen, og dæk dem godt med krydret mel. Overfør til bradepanden.

Ryger kyllingen i gryden med smør på grillen, med låget lukket, i 25 minutter, reducer derefter varmen til 325°F (163°C) og vend kyllingestykkerne.

Fortsæt med at ryge med låget lukket i cirka 30 minutter, eller indtil et kødtermometer indsat i den tykkeste del af hvert kyllingestykke viser 165 °F (74 °C). Server straks.

47. Varm Sauce Røgede Kyllingevinger

Serverer 8

4 pund (1,8 kg) kyllingevinger, tørrede

2 spsk olivenolie Salt og peber efter smag

2 mellemstore gule løg, hakket

5 fed hvidløg, hakket

1 kop bourbon

2 kopper ketchup

1/3 kop æblecidereddike

2 spsk flydende røg

1 tsk kosher salt

1 tsk sort peber Et skvæt varm sauce

Læg kyllingen i en skål og dryp med olivenolie. Smag til med salt og peber efter smag. I en anden skål kombineres resten af ingredienserne og stilles til side.

Fyr grillen til 400F (204°C). Brug hickory træpiller. Luk låget og lad det forvarmes i 15 minutter.

Læg kyllingen på grillristen og steg i 12 minutter på hver side.

Brug en pensel til at pensle kyllingevingerne med bourbonsauce på alle sider.

Vend kyllingen og steg i yderligere 12 minutter med låget lukket.

48. Te røget kylling

Udbytte: 6 portioner

Ingrediens

- 2 spsk risvin
- 2 tsk salt
- 1½ tsk Szechwan peberkorn
- 3 spidskål
- ½ ingefærrod, skrællet
- 2½ pund kylling
- ½ kop Kina sorte teblade
- 2 spsk mørk brun farin, pakket
- Orientalsk sesamolie

1. I en stor skål kombineres vin, salt og peberkorn. Tilsæt spidskål og ingefærrod i skålen. Tilsæt kyllingen, gnid den godt med marinaden. overfør kyllingen til en rist på en dampkoger, og damp den tildækket i 20 minutter. Beklæd i mellemtiden bunden og låget af en wok med kraftig folie. I en lille skål kombineres tebladene og brun farin godt.

2. Læg blandingen i bunden af wokken, og anbring en stativ 2-tommer over den.

3. Flyt kyllingen med brystsiden opad til stativet i wokken. Varm wok, tildækket, over mod-høj varme i 5-6 minutter, eller indtil den begynder at ryge. Røg kyllingen, tildækket.

49. Jasmin te røget and

Udbytte: 4 portioner

Ingrediens

- 4 andebryst; fuldstændig trimmet
- 50 milliliter sojasovs
- 20 gram Frisk ingefær; fint hakket
- 2 spiseskefulde ris; almindelig
- 1 spsk sukker
- 2 spsk Jasmin te
- 300 gram bondebønner; afskallede
- 300 gram Salsify; skrællet
- 150 gram God sovs
- 20 gram smør
- 1 kvist rosmarin og timian; hakket

1. Mariner andebrystene i soja og ingefær i 2 timer, krydr med salt og peber og svits på en varm pande.

2. Bland ris, sukker og jasmin te og læg på et stykke alufolie i bunden af en wok. Læg andebrystene på en rund rist oven på teblandingen med ca. 1-2 tommer mellemrum og dæk med et

låg eller et andet stykke folie. Ryg ved svag varme i cirka 10-15 minutter.

3. Tilsæt bondebønnerne, smør og krydderurter, smag til med salt og peber og varm forsigtigt op til bondebønnerne er kogte. Anret grøntsagerne på tallerkenen med de snittede andebryst ovenpå og den lune sovs rundt om.

50. Andeconfitering

•

- 2 pund andeben

- 4 store fed hvidløg, skåret i tynde skiver

- 8 friske timiankviste, revet i mindre stykker

- Blade fra 1 frisk rosmarinkvist

- 3 store tørrede laurbærblade, smuldret

- 3 spsk kosher salt 2-2½ kopper andefedt

1. Brug en skarp kniv til at skille andeinderlårene fra lårene.

2. Spred halvdelen af hvidløget, halvdelen af timianen, halvdelen af rosmarinen og halvdelen af bugten i en 8-tommers firkantet gryde. Drys anden med saltet på alle sider, og læg den i fadet. Læg det resterende hvidløg, timian, rosmarin og bay oven på anden, og tryk derefter krydderurterne ned i anden for at smage til kødet.

4. Pak anden ud og kassér krydderurter og hvidløg. Børst eventuelt overskydende salt af (men skyl ikke anden) og hæld eventuelt væske ud, der har samlet sig i bunden af fadet. Læg anden tilbage i fadet.

5. Smelt andefedtet ved enten at varme det op i mikroovnen i 10 sekunder ad gangen eller lægge det i en varmefast krukke og stille krukken i en gryde med varmt vand. Når fedtet er blevet flydende, hældes det over anden, så det lige dækker det.

6. Sæt anden i ovnen og lad den langsomt pochere i cirka $3\frac{1}{2}$ time, eller indtil anden er mør ind til benet.

7. Lad anden køle af, dæk derefter til og lad hærde i fedtet i køleskabet.

51. Andebryst prosciutto

•

- 2 andebryst
- ½ kop lys brun farin
- ¼ kop kosher salt
- 2 tsk finthakket appelsinskal
- 2 tsk malet koriander
- 1 tsk stødt salvie
- 1 tsk friskkværnet sort peber

1. Skær skråt på skindsiden af andebrystene ved let at trække en meget skarp kniv hen over skindet og gennem fedthætten, så snittene laver ½ tomme fra hinanden.

2. Bland sukker, salt, appelsinskal, koriander, salvie og peber i en lille skål. Gnid denne kur over hele begge sider af anden, inklusive ind i hudens sprækker. Læg anden tilbage i fadet med skindsiden opad. Dæk fadet tæt med plastfolie og stil det på køl i 4 dage.

3. Vend andebrystene og dæk fadet tæt med plastfolien igen. Stil på køl i yderligere 3 dage.

4. På dette tidspunkt skal anden have en mørkerød farve og føles fast over det hele, som en gennemstegt bøf. Det betyder, at dit kød er speget. Hvis det stadig føles meget

blødt, så vend kødet igen og lad det sidde i endnu en dag eller to.

5. For at sikre, at din and er sikker at spise, skal du placere den på risten med fedtsiden opad i den forvarmede ovn. Opvarm anden i cirka 25 minutter, eller indtil den når en indre temperatur på 160°F (70°C).

6. Skyl anden godt og dup den meget tør. Skær den knivtynde inden servering.

52. Røget kalkunben

- 6 kopper vand

- ¼ kop kosher salt

- 2 spsk sukker

- 5 fed hvidløg, knust

- 2 spsk sorte peberkorn

- 2½ pund udbenet kalkunben eller kalkunben

1. Kombiner vand, salt, sukker, hvidløg og peberkorn i en dyb skål eller fødevaresikker bøtte eller beholder og bland grundigt for at opløse salt og sukker. Dyp kalkunen helt ned i saltlagen. Dæk fuglen med en omvendt tallerken og vægt pladen med sten eller en krukke fuld af vand for at holde kalkunen under saltlagelinjen. Flyt spanden til køleskabet og lad den sidde i 2 dage.

2. Kassér saltlagen og alle de faste ingredienser og dup kalkunen tør. Lad den stå på en rist under en ventilator for at hjælpe den med at tørre, mens du forbereder grillen til varm eller kold rygning.

3. Hvis du ryger varmt, ryg kalkunen med skindsiden opad, med den tykkeste del tættest på flammen, indtil den når en indre temperatur på 160°F (70°C) i midten af dens tykkeste del og væk fra knoglen.

53. Thanksgiving kalkun jerky

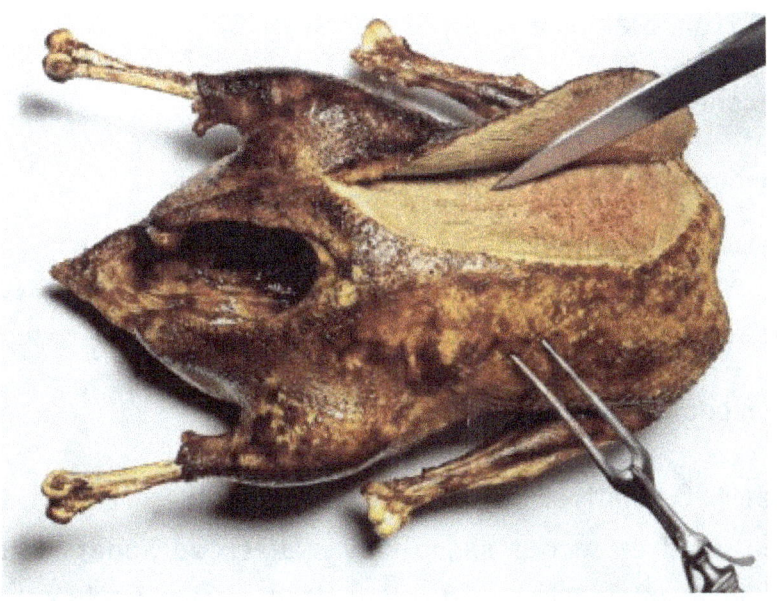

- 2 pund kalkunbryst, trimmet for alt fedt

- 3 kopper tranebærjuice cocktail

- 2 spsk kosher salt

- 2 fed hvidløg, hakket

- 3 friske rosmarinkviste

- 3 friske salviekviste

- Neutral madolie

1. Frys kødet i 30 minutter for at gøre det nemmere at skære i tynde skiver. Med en meget skarp kniv skærer du kødet mod kornet så tyndt som du overhovedet kan ($\frac{1}{8}$ til $\frac{1}{4}$ tomme tykt).

2. Hæld tranebærsaften i en stor skål og tilsæt salt, hvidløg, rosmarin og salvie. Tilsæt kødet. Bland for at kombinere, dæk til og lad kødet marinere i saltlage i køleskabet i 12 til 24 timer.

3. Dræn kødet, og kassér saltlagen og alle de faste stoffer. Nu er det tid til at tørre kødet.

54. Peberagtig røget bryst

Serverer 8

1 (12-pund/5,4 kg) fuld pakkerbryste

2 spsk gul sennep (du kan også bruge sojasovs)

Salt, efter smag

Friskkværnet sort peber efter smag

Forsyn med træpiller og følg opstartsproceduren. Forvarm grillen, med låget lukket, til 225°F (107°C).

Brug en udbeningskniv til forsigtigt at fjerne alt undtagen omkring ½ tomme af det store lag fedt, der dækker den ene side af din bryst.

Smør brystet over det hele med sennep og krydr det med salt og peber.

Placer brystet direkte på grillristen og ryg indtil dens indre temperatur når 160°F (71°C), og brystet har dannet en mørk bark.

Træk brystet fra grillen og pak det helt ind i alufolie eller slagterpapir.

Øg grillens temperatur til 350°F (177°C), og sæt den indpakkede bryst til den. Fortsæt med at lave mad, indtil dens indre temperatur når 190°F (87°C).

Overfør den indpakkede bryst til en køler, dæk køleren til, og lad brystet hvile i 1 eller 2 timer.

Fjern brystet fra køleren og pak det ud.

Adskil brystspidsen fra det flade ved at skære langs fedtlaget, og skær det flade i skiver. Punktet kan gemmes til brændte ender (se Sweet Heat Burnt Ends), eller skåret i skiver og serveret.

55. Big Game Rubbed Smoked Pulled Pork

Serverer 4

2 pund (907 g) udbenet svinekødsskulder

Big Game Rub

2 kopper æblecider

'Que BBQ Sauce

Læg svinekødet i en skål og fjern overskydende fedt og krydr med Big Game Rub.

Når du er klar til at lave mad, tændes grillen til 250F. Brug ahorntræpiller, når du laver mad. Luk låget og forvarm i 15 minutter.

Læg svinekød på grillristen i 5 timer, eller indtil den indre temperatur når 160°F (71°C). Fjern svinekødet fra grillen, og lad det hvile.

På en bageplade stabler 4 stykker alufolie oven på hinanden. Placer svinekødet i midten af folien og bring siderne af folien op for at skabe et ærme omkring svinekødet.

Krymp kanterne for at sikre, at væske ikke slipper ud af ærmet. Hæld æblecideren over.

Læg det folieindpakkede svinekød på grillen og steg i yderligere 3 timer ved 204°F (95°C).

Fjern fra grillen og lad hvile. Fjern svinekødet fra foliehylsteret og overfør det til en tallerken, brug gafler til at rive kødet. Kassér eventuelt knoglerne.

Når svinekødet er revet, hældes BBQ-saucen over.

56. Hvidløg røget svinekød

Serverer 6

3 pund (1,3 kg) hakket svinekød

1 spsk stødt sennep

1 spsk løgpulver

1 spsk hvidløgspulver

1 tsk pink salt

1 tsk salt

1 tsk sort peber ¼ kop isvand

Svinetarme, udblødt og skyllet i koldt vand

Bland alle ingredienser undtagen svinetarmene i en skål. Brug dine hænder til at blande, indtil alle ingredienser er godt blandet.

Brug en pølsestopper til at fylde svinetarmene med svinekødsblandingen.

Mål 4 tommer af det fyldte svinehylster og drej det til en pølse. Gentag processen, indtil du opretter pølselinks.

Når du er klar til at lave mad, tændes grillen til 225°F (107°C). Brug æbletræpiller, når du koger ribbenene. Luk låget og forvarm i 15 minutter.

Placer pølseforbindelserne på grillristen og kog i 1 time eller indtil pølsens indre temperatur er 155°F (68°C).

Lad hvile inden udskæring.

57. Røget lammefrikadeller

Serverer 20

1 lb. (454 g) lammeskulder, jord

3 fed hvidløg, fint skåret

3 spsk skalotteløg i tern

1 spsk salt

1 æg

1 spsk peber

1 spsk røget paprika

¼ spsk rød peberflager

¼ spsk kanel

¼ kop panko brødkrummer

Indstil til 250 grader F (121 ° C). Kombiner alle ingredienserne i en lille skål og bland dem grundigt med dine hænder.

Form frikadeller på størrelse med golfbolde og læg dem i en bageplade.

Placer bagepladen i den elektriske ryger og ryg indtil den indre temperatur når 160F (71 °C).

Tag frikadellerne ud af el-rygeren og server, når de er varme.

58. Grundlæggende beef jerky

- 2 pund meget mager top mørbrad eller flankebøf
- ¼ kop mørk brun farin
- 2 spsk kosher salt
- 2 spsk sojasovs
- 4 fed hvidløg, hakket
- 2 tsk rød peberflager
- Neutral madolie

1. skær kødet mod kornet så tyndt som du overhovedet kan, ⅛ til ¼ tomme tykt.

2. I en mellemstor skål, brug dine hænder til at kaste kødet med sukker, salt, sojasovs, hvidløg og peberflager og sort peber, hvis du bruger det. Lad kødet marinere i 1 time for at hjælpe med at booste dets smag. Fjern kødet og kassér marinaden.

3. Forvarm din ovn til den laveste indstilling. Placer en rist midt i ovnen og en rist i bunden. Beklæd to bageplader med bagepapir.

4. Smør to køleriste let med olie, og læg dem oven på de beklædte bageplader. Læg det marinerede kød på stativerne helt fladt. Lad ikke brikkerne røre ved; at tillade

luftstrøm mellem stykkerne vil hjælpe dem til at tørre hurtigere.

5. Sæt bagepladerne i ovnen.

59. Syrlig orange beef jerky

- 2 pund meget mager top mørbrad eller flankebøf
- 3 kopper hakket rødløg
- 1 kop appelsinjuice
- ½ kop citronsaft
- 2 spsk fint havsalt
- 4 tsk stødt spidskommen
- Neutral madolie

1. Frys bøffen i 30 minutter for at gøre den nemmere at skære i tynde skiver. Med en meget skarp kniv skærer du kødet mod kornet så tyndt som du overhovedet kan ⅛ til ¼ tomme tykt.

2. Brug en lille, skarp kniv til at fjerne alle spor af fedt fra kødet. Spring ikke over dette trin. Kød kan kureres, hvorimod fedt ikke kan, og fedtet kan blive harskt senere.

3. Læg det veltrimmede kød mellem to lag køkkenrulle og rul det stramt sammen for at presse så meget af fugten ud som muligt. 4. I en mellemstor skål, smid kødet med løg, appelsinjuice, citronsaft, salt og spidskommen. Lad kødet marinere i 1 time for at hjælpe med at booste dets smag. Fjern kødet og kassér marinaden.

4. Nu er det tid til at tørre kødet enten i ovnen eller med en madtørrer.

60. Miso-yoghurt oksekød

- 2 pund meget mager top mørbrad eller flankebøf
- 1 kop sødmælksyoghurt
- ½ kop hvid miso
- 4 tsk finthakket hvidløg
- 2 tsk finthakket frisk ingefær
- 2 tsk fint havsalt
- Neutral madolie

1. Forvarm din ovn til den laveste indstilling. Placer en rist midt i ovnen og en rist i bunden. Beklæd to bageplader med bagepapir.

2. Smør to køleriste let med olie, og læg dem oven på de beklædte bageplader. Læg det marinerede kød på stativerne helt fladt. Lad ikke brikkerne røre ved; at tillade luftstrøm mellem stykkerne vil hjælpe dem til at tørre hurtigere.

3. Sæt bagepladerne i ovnen. Hvis du ikke har en varmluftsovn, så kile ovndøren op med et træskehåndtag. Afhængigt af din ovn, vejret og tykkelsen af kødet, vil din ryk være færdig på 3 til 8 timer.

4. Begynd at tjekke rykken efter 3 timer. Den er klar, når du er i stand til at bøje et stykke ryk, og det går i stykker.

61. Stort spil jerky

- 2 pund magert vildtkød, elg eller bøffel
- ½ kop Worcestershire sauce
- ¼ kop blackstrap melasse
- ¼ kop mørk sojasovs
- 1 tsk fintrevet citronskal
- 1 tsk kommenfrø
- 8 kardemommebælge, revnede
- 3 fed hvidløg, finthakket
- Neutral madolie

1. Fjern så meget fedt fra kødet, som du kan, og frys kødet i 20 til 30 minutter for at gøre det lettere at skære i skiver. Med en meget skarp kniv skærer du kødet så tyndt som du overhovedet kan ¼ til ⅓ tomme tykt.

2. I en stor skål piskes Worcestershire sauce, melasse, sojasauce, citronskal, kommen, kardemomme og hvidløg sammen.

3. Smid det skårne kød ned i skålen et stykke ad gangen for at sikre, at hvert stykke er helt belagt med saltlagen. Lad kødet trække i marinaden i 90 minutter. Fjern kødet og kassér marinaden. Nu er det tid til at tørre kødet enten i ovnen eller med en madtørrer.

62. Amerikansk tørret frugt og kød

- 2 pund talg

- 6 ounce jerky efter eget valg

- 1 kop tørrede tranebær

- 1 tsk kosher salt

1. Hak tranebærene, eller kom dem i foodprocessoren og pulsér et par gange for at smuldre.

2. Smelt ¼ kop talg i mikrobølgeovnen i 20 sekunders skud, indtil det er flydende nok til at hældes. Eller læg krukken med talg i en gryde med varmt vand, indtil den smelter. Tilsæt talgen til kødet og frugten og rør godt rundt. Talgen vil holde dem sammen, når den stivner.

3. Smag på blandingen og juster saltet efter behov, tilsæt det i intervaller på ½ teskefuld, hvis det er nødvendigt. Og mærk hvor bløde dine hænder er af talgen! Pæn.

4. Tryk blandingen meget fast i den tilberedte brødform, indtil den er flad og jævn, især i hjørnerne. Dæk til og stil på køl, indtil det er fast, i mindst 1 time. Skær i otte stykker.

5. Fjern forsigtigt hvert stykke med en kniv eller spatel. Server pemmikanen med det samme, eller pak hvert stykke individuelt ind i plastfolie.

63. Sydafrikansk tørret kød

•

- 2 pund oksefilet, mørbrad, rumpesteg
- 1 kop rødvinseddike
- 6 spsk korianderfrø
- 4 tsk sorte peberkorn
- 2 spsk kosher salt
- Neutral madolie

1. Skær kødet i store stykker omkring 1 tomme tykke. Hæld eddiken i en lille skål, og giv derefter hvert stykke en hurtig dukkert i eddiken.

2. Varm en lille stegepande op over medium varme i 1 minut. Tilsæt koriander og under konstant omrøring.

3. Kværn den ristede koriander og peberkorn i en krydderikværn, kaffekværn eller foodprocessor, indtil den er finmalet.

4. Når kødet er tørret, smides det med de malede krydderier.

5. Smør en rist let med olie og læg den oven på den beklædte bageplade. Hold krydderierne intakte på kødets overflade og læg kødet helt fladt på risten. Lad ikke brikkerne røre ved; at tillade luftstrøm mellem stykkerne vil hjælpe dem til at tørre hurtigere.

6. Sæt bagepladerne i ovnen. Hvis du ikke har en varmluftsovn, så kile ovndøren op med et træskehåndtag. Afhængigt af din ovn, vejret og kødets tykkelse vil din biltong være færdig på 5 til 9 timer.

64. Marokkansk konserveret lam

- 2 pund udbenet lammeskulder

- 10 fed hvidløg, finthakket

- 3 spsk kosher salt

- 1 spsk stødt spidskommen

- 4 tsk malet koriander

- 1 tsk rød peberflager

- Neutral madolie

- 2 kopper animalsk fedt

1. Skær lammet i 2-tommers tern, som du ville gøre til gryderet kød.

2. I en mellemstor skål røres hvidløg, salt, spidskommen, koriander og peberflager sammen. Kom kødet i skålen og vend det grundigt. Dæk til og stil på køl i 12 til 24 timer. Nu er det tid til at tørre kødet enten i ovnen eller med en madtørrer.

3. Smør en rist let med olie og læg den oven på den beklædte bageplade. Læg det marinerede kød på risten. Lad ikke brikkerne røre ved; at tillade luftstrøm mellem stykkerne vil hjælpe dem til at tørre hurtigere.

4. Sæt bagepladerne i ovnen. Hvis du ikke har en varmluftsovn, så kile ovndøren op med et træskehåndtag. Afhængigt af

din ovn, vejret og kødets tykkelse vil lammet være tørt på 7 til 8 timer. Den er klar, når den føles hård (som kogt kød) over det hele. Nu er det tid til at stege og kurere kødet.

65. Sprængt oksekød

- 6 kopper vand
- ¾ kop kosher salt
- ¾ kop sukker
- 1 lille tsk pink salt
- 1 spsk sorte peberkorn
- 2 tsk brune sennepsfrø
- 2 tsk selleri frø
- 1 tsk kommenfrø
- 4 fed hvidløg, knust
- 2 stjerneanis
- 1 stort tørret laurbærblad
- 1 (4-pund) oksebryst

1. Tilsæt vand, salt, sukker og salt til en stor dyb skål eller lille fødevaresikker spand og rør godt for at opløse de faste stoffer; løsningen vil være uklar. Tilsæt peberkorn, sennepsfrø, sellerifrø, kommenfrø, hvidløg, stjerneanis og laurbærblad, og tilsæt derefter kødet.

2. Dæk skålen til og lad oksekødet "majs" i køleskabet i 10 til 14 dage eller indtil det er helt hærdet.

3. Når det er hærdet, skal du dræne og skylle kødet og kassere alle saltlageingredienserne. Læg kødet i en stor gryde og dæk det med frisk vand med 1 tomme. Læg låg på og bring det i kog, reducer derefter varmen til lav og lad det simre i $1\frac{1}{2}$ time (det skal du virkelig ikke koge, ellers bliver dit kød sejt). Hvis du laver et måltid ud af dette, tilsæt kartofler, gulerødder og kål og lad dem simre med oksekødet i de sidste 30 minutter. Kødet er færdigt, når den indre temperatur på dens tykkeste del er 150°F (65°C).

66. Pastrami

- 1 (4-pund) saltet Corned Beef, tilberedt gennem trin 2
- 2 tsk fint knuste sorte peberkorn

1. Kassér saltlagen (inklusive alle de faste ingredienser) fra corned beef. Hvis du planlægger at sætte kødet i blød for at reducere dets saltindhold, så gør det nu: Læg kødet i blød i ferskvand i 1 time. Dræn og gentag.

2. Dup kødet tørt og pres peberfrugten på. Lad den sidde på en rist under en ventilator for at hjælpe den med at tørre, mens du forbereder grillen til varm eller kold rygning.

1. Hvis det ryger varmt, ryges kødet med den tykkeste portion tættest på flammen, indtil det når en indre temperatur på 150°F (65°C) i midten af dets tykkeste del.

Hvis det koldrøges, ryges kødet i 12 timer, hvorefter det færdiggøres i ovnen ved 250°F (120°C) eller på en lavvarmegrill i ca. 1 time, indtil det når en indre temperatur på 160°F (70°C) i midten af dens tykkeste del.

2. Lad kødet køle helt af, og stil det derefter på køl i 1 døgn, inden det spises. Skær den i tynde skiver og nyd.

67. Salt flæsk

-

- 3 spsk kosher salt
- 3 spsk mørk brun farin
- 1 tsk malede laurbærblade
- 1 tsk stødt kanel
- ¾ tsk stødt muskatnød 1¼ pounds svinemave uden skind

1. Kombiner salt, sukker, laurbær, kanel og muskatnød i et stort lavt fad.

2. Skær svinekødet i halve på langs, så du har to lange stykker. Dup kødet tørt med køkkenrulle til det er klistret. Tryk alle sider af svinekødet ind i saltblandingen, og gnid det virkelig ind for at få blandingen til at klæbe til svinekødet.

3. Læg hvert stykke svinekød i sin egen lynlåspose; rul og luk posen tæt for at fjerne al luften. Lad svinekødet stå i køleskabet i 1 uge, vend det en gang om dagen eller deromkring for at fordele krydderierne. Kødet skal føles stift og hærdet efter 7 dage.

4. Flæsket er nu klar til tilberedning. Hvis du ønsker at gengive noget af dets fedt før tilberedning, skal du simre det i 20 minutter, dræne det og derefter tørre det helt før brug.

68. Skål med røgede gulerødder og kartofler

Serverer 6

2 store gulerødder, skrællet og hakket groft

2 store Yukon Gold-kartofler, skrællet og skåret

5 spsk olivenolie

5 spsk balsamicoeddike

Salt og peber efter smag

Tænd grillen til 400°F (204°C). Brug de ønskede træpiller ved madlavning. Luk låget og forvarm i 15 minutter.

Læg alle ingredienser i en skål og vend rundt for at beklæde grøntsagerne med krydderier.

Lægges på en bageplade beklædt med folie.

Læg på grillristen og luk låget. Kog i 30 minutter.

69. Røget hvidløg rosenkål

Serverer 6

1-½ pund (680 g) rosenkål

2 fed hvidløg hakket

2 spsk ekstra jomfru olivenolie

Havsalt og knust sort peber

Skyl spirer

Fjern de yderste blade og brun bund fra spirerne.

Placer spirer i en stor skål og overtræk derefter med olivenolie.

Tilsæt et lag hvidløg, salt og peber og kom dem over i gryden.

Tilføj til det øverste stativ på den elektriske ryger med vand og træflis.

Ryg i 45 minutter eller indtil den når 250°F (121°C) temperatur.

70. Brændt bacon med grønne bønner

Serverer 6

1-pund (454 g) grønne bønner

4 strimler bacon, skåret i små stykker

4 spsk ekstra jomfru olivenolie

2 fed hvidløg, hakket

1 tsk salt

Fyr grillen til 400F (204°C). Brug de ønskede træpiller ved madlavning. Luk låget og forvarm i 15 minutter.

Smid alle ingredienser på en bageplade og fordel jævnt.

Sæt pladen på grillristen og steg i 20 minutter.

71. Røgede vandmelonspyd

Serverer 5

1 lille vandmelon uden kerner

Balsamicoeddike efter behov

Træspyd

Skær enderne af små vandmeloner uden kerner

Skær vandmelonen i 1-tommers terninger. Kom ternene i en beholder og dryp eddike på ternene af vandmelon.

Forvarm den elektriske ryger til 225°F (107°). Tilsæt træflis og vand til den elektriske ryger, før du starter forvarmningen.

Læg ternene på spyddene.

Læg spyddene på den elektriske rygerist i 50 minutter.

Laver mad. Fjern spyddene. Tjene!

72. Røgede ostesvampe

Serverer 12

12-16 hvide svampe, store, rensede og stilke fjernet

1 kop parmesanost

1 kop brødkrummer, italiensk

2 hakkede fed hvidløg

2 spsk frisk persille, hakket

$\frac{1}{4}$ - $^1/_3$ kop olivenolie

Salt og peber efter smag

Forvarm din 375°F (191°C). Fjern svampens nederste stilk og skær derefter resten i små stykker.

Kom svampestængler, parmesanost, brødkrummer, hvidløg, persille, 3 spsk olie, peber og salt i en stor skål. Kombiner indtil fugtigt.

Læg svampe i en gryde, til engangsbrug, og fyld dem derefter med blandingen, indtil de samler sig. Dryp med mere olie.

Sæt panden på grillen. Ryg i cirka 1 time og 20 minutter, indtil fyldet er brunt og svampe bliver møre.

Fjern fra og server. God fornøjelse!

73. Røgede grøntsager med kyllingekrydderi

Serverer 15

1 øremajs, frisk, skaller og silketråde fjernet

1 gul squash, skåret i skiver

1 rødløg, skåret i tern

1 grøn peberfrugt, skåret i strimler

1 rød peberfrugt, skåret i strimler

1 gul peberfrugt, skåret i strimler

1 kop champignon, halveret

2 spsk olie

2 spsk kyllingekrydderi

Udblød pecantræpillerne i vand i en time. Fjern pillerne fra vandet og fyld den elektriske rygeboks med de våde piller.

Placer den elektriske rygeboks under grillen og luk låget. Varm grillen op ved høj varme i 10 minutter, eller indtil der begynder at komme røg ud af fliserne.

I mellemtiden, smid grøntsagerne i olie og krydderier og overfør dem i en grillkurv.

Grill i 10 minutter, mens der vendes af og til. Server og nyd.

74. Røget Mayokartoffelsalat

Serverer 4 til 6

2 pund (907 g) kogende kartofler (helst økologiske), skrubbet med en stiv børste

2 spsk ekstra jomfru olivenolie

Groft salt (hav eller kosher) og friskkværnet sort peber efter smag

1 kop mayonnaise eller røget mayonnaise

3 spsk dijonsennep

1 spsk rødvinseddike, eller mere efter smag

2 hårdkogte æg, pillet og groft hakket

2 spsk hakket frisk dild

2 spidskål, trimmet, hvide dele hakket, grønne dele i tynde skiver på kryds og tværs

8 udstenede grønne oliven eller pimiento-fyldte oliven, skåret i tynde skiver eller groft hakket

8 cornichons (små tærte franske pickles) eller 1 dild pickle, groft hakket (ca. 3 spsk)

1 spsk afdryppede kapers, eller efter smag

Spansk røget paprika (pimentón), til drys

Skær eventuelle større kartofler i halve eller kvarte; lad små være hele. Ideen er, at alle stykkerne skal have en bidstørrelse, cirka 1 tomme på tværs.

Arranger kartoflerne i et enkelt lag i en alufoliepande. Rør olivenolien i og smag til med salt og peber.

Opsæt din elektriske ryger efter producentens instruktioner og forvarm til 275°F (135°C). Tilføj træ som angivet af producenten.

Læg kartoflerne i den elektriske ryger, og ryg indtil de er møre (et bambusspyd vil nemt gennembore spudserne), 1 til 1½ time, eller efter behov. Rør rundt et par gange, så kartoflerne bruner jævnt. Fjern kartoflerne og lad dem køle lidt af (de skal være varme).

Mens kartoflerne ryger, lav dressingen: Kom mayonnaise, sennep og eddike i en stor skål og pisk for at blande.

Pisk de hakkede æg, dild, spidskål, oliven, pickles og kapers i. Dæk til og stil på køl, indtil kartoflerne er klar.

Rør de varme kartofler i dressingen. Korriger krydderierne, tilsæt salt, peber og eddike efter smag; salaten skal være stærkt krydret.

Du kan servere kartoffelsalaten lun eller afkølet (dæk til og stil den på køl, eller køl salaten hurtigt over en skål med is). Overfør til en serveringsskål og drys med røget paprika før servering.

75. Røgede grøntsager med flødemajs

Serverer 4 til 6

De røgede grøntsager:

4 ører friske sukkermajs, skaller og silke fjernet, eller 3 kopper frosne majskerner, optøet

1 lille løg, pillet og skåret i kvarte

2 spsk ($\frac{1}{4}$ stang) smør, smeltet

Groft salt (hav eller kosher) og friskkværnet sort peber efter smag

1 poblano peber, stilket, skåret i to på langs og frøet

Den cremede majs:

1 spsk smør

1 spsk ubleget universalmel

2 tsk spansk røget paprika (pimentón) eller sød paprika

$\frac{1}{2}$ kop mørk øl

1 til $1\frac{1}{2}$ kopper halvt og halvt

1 spsk lys eller mørk brun farin

$1\frac{1}{2}$ kopper groft revet cheddarost

Opsæt din elektriske ryger efter producentens instruktioner og forvarm til 225°F (107°C) til 250°F (121°C). Tilføj træet som angivet af producenten.

Pensl majs og løg let med smør og smag til med salt og peber. Placer majs, løg og poblano-peber på den elektriske rygerstativ, og ryg indtil den er let brunet med røg, 30 til 40 minutter.

Overfør til et skærebræt og lad afkøle. Skær kernerne af kolberne. Skær løg og poblano i ¼-tommers terninger.

Smelt smørret i en stor gryde ved middel varme. Rør grøntsagerne i og kog, indtil de er sydende, 3 minutter. Rør mel og paprika i og kog i 1 minut. Rør øllet i, skru op for varmen til middelhøj og kog i 1 minut (for at koge alkoholen af).

Rør 1 kop halvt og halvt og brun farin i, og kog indtil det er tyknet, 1 minut.

Reducer varmen og lad forsigtigt simre majsen, indtil den er tyk og smagfuld, 5 til 8 minutter, under omrøring ofte.

Rør osten i og kog lige længe nok til at den smelter. Hvis blandingen virker for tyk, tilsæt mere halv-og-halv.

Tilsæt salt, peber og ekstra sukker, hvis det ønskes, og server.

76. Røget peberagtig Okra

Serverer 4

Nonstick madlavningsspray eller smør, til smøring

1 pund (454 g) hel okra

2 spsk ekstra jomfru olivenolie

2 tsk krydret salt

2 tsk friskkværnet sort peber

Forsyn din elektriske ryger med træpiller og følg producentens specifikke opstartsprocedure. Forvarm, med låget lukket, til 400°F (204°C). Alternativt kan du forvarme din ovn til 400°F (204°C).

Beklæd en bradepande med lav kant med aluminiumsfolie og beklæd med madlavningsspray.

Arranger okraen på panden i et enkelt lag. Dryp med olivenolie, vend til pels. Smag til på alle sider med salt og peber.

Sæt bradepanden på grillristen, luk låget og ryg i 30 minutter, eller indtil den er sprød og let forkullet. Alternativt steges i ovnen i 30 minutter. Serveres varm.

77. En pande koldrøget ost

Serverer 10

Is

1 aluminiumspande, fuld størrelse og engangs

1 aluminiumspande, halvstørrelse og engangs

Tandstikkere

En blok ost

Forvarm træpillen til 165°F (74°C) med låget lukket i 15 minutter.

Læg den lille gryde i den store gryde. Fyld omgivelserne af den lille gryde med is.

Læg osten i den lille gryde oven på tandstikkerne og læg derefter gryden på grillen og luk låget.

Ryg ost i 1 time, vend osten og ryg i 1 time mere med låget lukket.

Fjern osten fra grillen og pak den ind i bagepapir. Opbevar i køleskabet i 2-3 dage, så røgsmagen bliver blød.

Tag ud af køleskabet og server. God fornøjelse.

78. Røgede bønner og dijonsennepssalat

Serverer 6

1 dåse Great Northern Beans, skyllet og drænet

1 dåse Røde Kidneybønner, skyllet og drænet

1 pund (454 g) friske grønne bønner, trimmet

2 spsk olivenolie

Salt og peber efter smag

1 skalotteløg, skåret i tynde skiver

2 spsk rødvinseddike

1 tsk dijonsennep

Fyr grillen til 260°C (500°F). Brug de ønskede træpiller, når du laver mad. Luk låget og forvarm i 15 minutter.

Læg bønnerne i en bageplade og dryp med olivenolie. Smag til med salt og peber efter smag.

Sæt i grillen og kog i 20 minutter. Sørg for at ryste bakken for jævn tilberedning.

Når de er kogt, fjernes bønnerne og lægges i en skål. Lad først køle af.

Tilsæt skalotteløg og resten af ingredienserne. Smag til med mere salt og peber, hvis det ønskes. Kast for at beklæde bønnerne med krydderier.

79. Rapsolie røgede svampe

Serverer 5

4 kopper portobello, hel og rengjort

1 spsk rapsolie

1 spsk løgpulver

1 spsk granuleret hvidløg

1 spsk salt

1 spsk peber

Tilsæt alle ingredienserne i en røreskål og bland godt.

Indstil træpilletemperaturen til 180°F (82°C), og placer derefter svampene direkte på grillen.

Ryg svampene i 30 minutter.

Øg temperaturen til høj og kog svampene i yderligere 15 minutter.

Server og nyd.

80. Røgede grøntsager med svampe

Serverer 6

1 kop pecan træflis

1 øre frisk majs, silketråde fjernet og skaller, skåret majs i 1-tommers stykker

1 mellemstor gul squash, ½-tommer skiver

1 lille rødløg, tynde både

1 lille grøn peberfrugt, 1-tommers strimler

1 lille rød peberfrugt, 1-tommers strimler

1 lille gul peberfrugt, 1-tommers strimler

1 kop champignon, halveret

2 spsk vegetabilsk olie

Grøntsagskrydderier

Tag en stor skål og smid alle grøntsagerne sammen i den. Drys det med krydderier og beklæd alle grøntsagerne godt med det.

Placer træflisene og en skål med vand i den elektriske ryger.

Forvarm den elektriske ryger til 100°F (37°C) eller ti minutter.

Kom grøntsagerne i en gryde og læg dem på den midterste rille på den elektriske ryger.

Ryg i tredive minutter, indtil grøntsagerne bliver mør.

Når du er færdig, server og nyd.

81. Kanel røget agern Squash

Serverer 6

3 agern squash, frøet og halveret

3 spsk olivenolie

¼ kop smør, usaltet

1 spsk kanel, stødt

1 spsk chilipulver

1 spsk muskatnød, stødt

1 kop brun farin

Pensl de afskårne sider af din squash med olivenolie, og dæk derefter med folie, der prikker huller til, så røg og damp kan trænge igennem.

Forvarm din til 225°F (107°C).

Læg squashhalvdelene på grillen med snitsiden nedad og ryg i ca. 1½-2 timer. Fjern fra grillen.

Lad det sidde, mens du forbereder kryddersmør. Smelt smørret i en gryde og tilsæt derefter krydderier og sukker under omrøring.

Fjern folien fra squashhalvdelene.

Læg 1 spsk af smørblandingen på hver halvdel.

82. Røget gul squash med svampe

Serverer 6

1 øremajs, frisk, skaller og silketråde fjernet

1 gul squash, skåret i skiver

1 rødløg, skåret i tern

1 grøn peberfrugt, skåret i strimler

1 rød peberfrugt, skåret i strimler

1 gul peberfrugt, skåret i strimler

1 kop champignon, halveret

2 spsk olie

2 spsk kyllingekrydderi

Udblød pecantræpillerne i vand i en time. Fjern pillerne fra vandet og fyld den elektriske rygeboks med de våde piller.

Placer den elektriske rygeboks under grillen og luk låget. Varm grillen op ved høj varme i 10 minutter, eller indtil der begynder at komme røg ud af fliserne.

I mellemtiden, smid grøntsagerne i olie og krydderier og overfør dem i en grillkurv.

Grill i 10 minutter, mens der vendes af og til. Server og nyd.

83. Fløde af røget tomatsuppe

Udbytte: 8 portioner

Ingrediens

- 4 pund friske oksekødstomater; kvarteret
- 3 spsk olivenolie
- 2 dl hakkede gule løg
- 1 kop hakket selleri
- 1 kop hakkede gulerødder
- 1 salt; at smage
- 1 friskkværnet sort peber; at smage
- 1 knivspids cayennepeber
- 2 spsk hakket hvidløg
- $\frac{1}{2}$ liter hønsefond
- $\frac{1}{4}$ kop finthakket persille
- $\frac{1}{2}$ kop tung fløde

1. I en røreskål, smid tomaterne med 1 spsk olivenolie, salt og peber. Læg tomaterne på risten af el-rygeren og læg i el-rygeren. Ryg tomaterne i 30 minutter.

2. Opvarm den resterende olivenolie i en fond. Når olien er varm, sauter du løg, selleri og gulerødder. Krydr grøntsagerne med salt, peber og cayennepeber. Sauter grøntsagerne i 4 til 5 minutter. Tilsæt hvidløg, røgede tomater og tomatsaft. Kog i 3 til 4 minutter, omrør ofte. Tilsæt hønsebouillonen og bring det i kog.

3. Rør den tunge fløde i og server.

4.

84. Fløde af kål suppe

Udbytte: 12 portioner

Ingrediens

- 1 Savoy-hovedkål eller grønkål
- 1 spansk løg
- 3 ounce røget ørred eller røget laks
- 1½ liter kyllingefond
- 1 spsk Frisk timian
- 3 kopper Tung creme
- Salt
- Peber

1. Skær kål i 1-tommers terninger. Skær baconen i fine tern.
2. Skær fisken i skiver. Varm hønsefonden op.
3. Kog bacon i en stor, tung gryde, indtil den er næsten sprød, cirka 4 minutter.
4. Tilsæt løg og kog over medium varme, indtil de er møre, cirka 5 minutter. Tilsæt kål og tørret timian, hvis du bruger, og kog indtil kålen er blød, cirka 5 minutter.
5. Tilsæt den varme hønsefond og bring det i kog. Reducer varmen til en simre og kog i cirka 20 minutter. Tilsæt den

tunge fløde og bring suppen i kog. Tilsæt frisk timian, hvis du bruger, og smag til med salt og peber.

85. Hønsefond

-

- 4 pund kyllingeben

- 2 gulerødder, groft hakkede

- 2 selleristængler, groft hakket

- 1 gult løg

1. Læg kyllingeben, gulerødder, selleri og løg i en stor gryde og dæk med 3 tommer vand. Dæk gryden til og bring det i kog ved høj varme. Et skum vil stige til overfladen af gryden; skum det af med en metalske og kassér det.

2. Skru ned for varmen til lav, indtil fonden bare af og til afgiver små bobler.

3. Dæk og lad bouillonen koge i minimum 2 timer, eller op til 12 timer, under omrøring af og til.

4. Si bouillonen gennem et dørslag eller en finmasket sigte, og tryk ned på de faste stoffer for at hjælpe dem med at frigive al deres gyldne væske. Kassér de faste stoffer.

5. Dit lager er nu klar til brug eller til opbevaring.

6.

86. Bacalao og oliven gryderet

-

- 8 ounce bacalao

- ½ kop ekstra jomfru olivenolie

- 2 store friske rosmarinkviste

- 10 kalamata oliven

- 8 soltørrede tomathalvdele

- 2 store fed hvidløg

- Friskkværnet sort peber

- 1 knasende baguette til servering

1. For at rekonstituere bacalaoen, læg den i blød i nok køligt postevand til at dække den helt i 24 timer, og skift vandet hver 8. time. Dræn fisken og dup den tør.

2. Forvarm din ovn til 325°F (160°C).

3. Hæld olivenolien i en 8-tommer firkantet pande. Tilsæt fisken med skindsiden nedad. Læg rosmarinen ovenpå og med god grund:

fisken. Drys oliven og de tørrede tomater ovenpå. Steg fisken i cirka 40 minutter, eller indtil ingredienserne begynder at blive brune.

4. Mens fisken koger, skæres hvidløget i tynde skiver. Straks efter du har taget fisken ud af ovnen, mens olien stadig bobler, drysses hvidløget i olien.

5. Lad retten hvile i 10 minutter, og rør derefter rundt for at dække alt i olien og kombinere smagene. Smag til med sort peber efter smag. Hæld små retter af gryderet med den smagfulde olie og server med baguetten.

87. Andeconfit og æblesalat

•

- ½ tsk kosher salt
- 1 lille skalotteløg, skåret så tyndt som muligt
- 3 spsk ekstra jomfru olivenolie
- 3 spsk citronsaft
- ½ tsk friskkværnet sort peber
- 2 andeconfiterede benkvarterer (ben og lår)
- 2 hoveder endivie
- 1 medium syrligt æble

1. Læg salt og skalotteløg i en stor salatskål. Mos saltet ind i skalotteløget med bagsiden af en kraftig ske. Rør en teskefuld eller deromkring af olivenolien i, og tilsæt derefter gradvist resten, mens du pisk, indtil det er helt indarbejdet. Pisk citronsaft og peber i. Stil dressingen til side, mens du forbereder resten af salaten. 2. Fjern anden fra dens fedt, og skrab næsten alt fedtet af udefra. Kog anden med ovensiden nedad i en stor stegepande over medium-høj varme i 5 til 7 minutter. Vend derefter anden i gryden og steg på alle sider, indtil al skindet er sprødt, cirka 12 minutter i alt.

3. Mens anden koger, hakkes endivien i mundrette stykker. Lad skindet sidde på æblet, men fjern dets kerne. Skær æblet i

tynde halvmåner. Smid endivien og æblet i skålen med vinaigretten og kom salaten på tallerkener. Top salaten med den varmede and og server.

88. Røget fiskesalat

- 1 kop creme fraiche
- ¼ kop finthakket rødløg
- ¼ kop finthakket selleri
- 1 tsk finthakket citronskal
- 12 ounce røget fisk, i flager
- Kosher salt og friskkværnet peber

1. Bland grundigt cremefraiche, sennep, løg, selleri, dild, 2 teskefulde tilberedt sennep og citronskal i en mellemstor skål.

2. Fold fisken i. Overtræk det helt med cremefraicheblandingen ¼ kop finthakket frisk dild

3. Smag salaten til og tilsæt eventuelt salt og peber, og nyd den.

89. Majsbrødssalat

Udbytte: 4 portioner

Ingrediens

- 3 kopper 1/2-tommer uaktuelle majsbrød i tern
- ½ kop rød peberfrugt i tern
- ½ kop gul peberfrugt i tern
- ¼ kop rødløg finthakket
- ¼ kop fint skåret grønne løg
- 2 fed hvidløg
- ¼ kop risvinseddike
- ⅓ kop olivenolie
- 1 tsk Pureret chipotle peber
- 1 spsk honning
- ¼ kop grofthakket koriander
- Salt og friskkværnet
- Peber

1. Forvarm ovnen til 350 grader F. Fordel majsbrød i et jævnt lag på en bageplade og bag i 20 minutter, eller indtil de er sprøde. Kom majsbrødet i en stor skål og tilsæt peberfrugt, løg og hvidløg.

2. Bland vinaigrette-ingredienserne sammen, tilsæt majsbrødsblandingen og vend sammen.

3. Lad stå i 15 minutter ved stuetemperatur før servering.

90. Grillet rødbeder og røget ørredsalat

Udbytte: 2 portioner

Ingrediens

- 2 store rødbeder
- 3 kopper riseddike
- 4 kopper vand
- 2 spsk Sennepsfrø
- 1 spsk anisfrø
- ¼ kop sukker
- 1 spsk Spidskommen frø
- 4 ounces vindruekerneolie
- 1 bundt frisk purløg
- Salt efter smag
- 1 ounce citronsaft
- 12 ounce Hel røget regnbueørred
- 4 små bundter babybladsalat
- Skal af 1 citron

1. Skræl rødbederne og skær dem i ¼ tomme tykke skiver. Kombiner eddike, frø og sukker i en ikke-reaktiv gryde. Bring i kog og reducer til det halve. Tilsæt vandet og bring det i kog igen. Tilsæt rødbeder og kog indtil de er færdige, men stadig faste.

2. For at lave citroneddike: Kombiner 2 ounces af den anstrengte kogevæske fra rødbederne med citronsaften. Fjern eventuelt knoglerne fra ørreden. Knogler kan nemt

fjernes ved at tage rygraden ud, og stiftknoglerne følger for det meste med. Pil skindet af fileterne. Flæk fisken forsigtigt i små stykker på størrelse med krabbekød.

3. For at lave purløgsolien: Kombiner purløg med vindruekerneolien i en blender. Purér indtil glat; smag til med salt.

91. Stenhummer og røget ørred

Udbytte: 1 portion

Ingrediens

- 1 Kogt stenhummer
- 400 gram Røget havørred
- 1 kontinental agurk
- 1 grøn zucchini
- 1 gul zucchini
- 1 gulerod
- 100 gram Tatsoi blade
- 2 limefrugter; juiced
- 1 spsk palmesukker
- $\frac{1}{2}$ kop olivenolie
- Salt og peber

1. Fjern kødet fra halen af jomfruhummeren, skær det fint og stil det til side

2. Skær de røgede havørreder i tynde strimler og læg også til side. Skær agurken i halve i længderetninger og skrab ud og kassér frøene. Skær på en mandolin eller "V-slicer"* for at lave strimler, der ligner fettuccine. Skræl guleroden og skær den i skiver på samme måde som agurken.

3. Hold zucchinien hele, og skær dem også i lange, tynde strimler.

4. Bland hummer, havørred, grøntsager og tatsoi-blade sammen.

5. Til dressingen opvarmes limesaften og palmesukkeret opløses. Hæld i en skål og pisk olivenolien i, indtil blandingen er tyk og olien er emulgeret med limesaften. Smag til med salt og peber og bland dette gennem salaten Ingredienser.

6. Anret salaten i et flot fad og server.

92. Røget aubergine salat

Udbytte: 4 portioner

Ingrediens

- 1 stor aubergine
- 2 spsk Frisk citronsaft
- 2 Jalapeno peberfrugter
- 1 grøn peberfrugt
- 1 rødløg; kvarte, med
- Stængelenden intakt
- 4 fed hvidløg; hakket
- Salt; at smage
- 2 spsk olivenolie
- ¼ kop malede valnødder
- ⅓ kop tyk; (drænet) yoghurt
- 3 spsk rødvinseddike

1. Placer auberginen direkte over en grill eller gasflamme og steg, vend ofte, indtil skindet er forkullet og auberginen er blød. Overfør aubergine til et skærebræt for at afkøle kort. Skræl alt det sorte skind af med våde hænder, åbn derefter forsigtigt auberginen og fjern frøene. Læg aubergine i en skål, dæk med vand og rør citronsaften i. Lad stå 30 minutter.

2. Rist imens peberfrugterne over grillen eller blusset, vend så skindet er jævnt forkullet. Overfør forkullede

peberfrugter til en plastikpose, bind toppen og lad den dampe, indtil den er afkølet, cirka 15 minutter.

3. Pil det forkullede skind af i hånden. Skær stilke, frø og årer væk og hak dem fint. Rist løget over grillen eller blusset, indtil det er forkullet. Lad det køle af, pil det forkullede skind væk, skær stilken væk og hak det fint. Fjern auberginen fra vandet og pres den tør. Slå aubergine, peberfrugt, løg, hvidløg og salt til en pasta i en morter. Tilsæt olivenolie, valnødder, yoghurt og eddike.

93. Chokoladebudding med røget is

Serverer 8

- 1 brød (1 pund / 454 g) brioche, skåret i 1-tommers terninger (ca. 8 kopper)
- 3 kopper tung (piske) fløde
- 2 kopper sødmælk
- 1½ dl sukker
- Knivspids salt
- 1 vaniljestang
- 8 ounce (227 g) bittersød chokolade, groft hakket
- 4 store æg

- 2 store æggeblommer
- 1 tsk ren vaniljeekstrakt (1½ tsk, hvis du ikke bruger vaniljestangen)
- Smør, til smøring af stegepanden
- Røget is, til servering (valgfrit)

a) Opsæt din elektriske ryger efter producentens instruktioner og forvarm til 225°F (107°C) til 250°F (121°C). Tilføj træet som angivet af producenten.

b) Arranger briocheterningerne i et enkelt lag i en alufoliepande og læg dem i den elektriske ryger.

c) Ryg, omrør af og til, så ternene ryger jævnt, indtil de er faste og ristede, 30 til 45 minutter.

d) I mellemtiden laver du cremen: Kom fløde, mælk, sukker og salt i en tyk gryde. Skær vaniljestangen, hvis den bruges, i halve på langs, og skrab de bittesmå sorte frø ned i cremen.

e) Tilsæt derefter halvdelene af vaniljestangen. Bring i kog ved middel varme, pisk indtil sukkeret er opløst. Tag gryden af varmen.

f) Fjern vaniljestanghalvdelene; du kan skylle, tørre og genbruge dem. Pisk halvdelen af chokoladen i til den er smeltet. (Sæt gryden tilbage på lav varme, hvis chokoladen skal have hjælp til at smelte.)

g) Læg æg, æggeblommer og vaniljeekstrakt, hvis du bruger, i en stor varmefast skål og pisk, indtil det er glat. Pisk gradvist den varme flødeblanding i.

h) Tilsæt det lidt efter lidt for ikke at krølle æggene. Tilsæt røgbrødstern og fold, indtil brødet har absorberet det meste af cremen.

i) Smør stegepanden og hæld buddingblandingen i. Drys med den resterende hakkede chokolade, skub stykkerne ind i brødbuddingen med en gaffel.

j) Øg varmen på din elektriske ryger til 325°F (163°C). Nogle elektriske rygere vil ikke gå så højt; Hvis ikke, øger du varmen til 275°F (135°C).

k) Ryg brødbuddingen, indtil den er hævet og brunet på toppen, og cremen er sat, 40 til 60 minutter ved den højere temperatur, 1 til $1\frac{1}{2}$ time ved den lavere temperatur. (Stik et metalspyd i midten af buddingen - den skal komme ren ud, når cremen er sat.)

l) Server brødbuddingen varm (med røget is, hvis det ønskes).

94. Røgede ferskner med vaniljeis

Serverer 4

4 friske modne georgiske ferskner

8 spsk (1 pind) usaltet smør

1 kop (pakket) mørk brun farin

1 ounce (28 g) (2 spiseskefulde) mørk rom

10 ounce (283 g) ($1\frac{1}{4}$ kopper) abrikoskonserves

Vaniljeis (valgfrit)

a) Opvarm en elektrisk ryger til 325°F (163°C).

b) Udpit fersknerne og skær hver enkelt i kvarte. Læg kvartererne på spyd. Læg spyddene på en stor alu-pande.

c) Kombiner smør, brun farin, rom og konserves i en lille gryde ved middel-lav varme. Rør for at blande grundigt.

d) Glas fersknerne med konservesblandingen, læg gryden i den elektriske ryger, og steg i 4 minutter på hver side, eller indtil fersknerne er bløde. Server fersknerne oven på vaniljeis, hvis du har lyst.

95. Røget laks Cheesecake

Udbytte: 1 portion

Ingrediens

- 12 ounce flødeost, blødgjort
- ½ pund røget laks eller Lox
- 3 æg
- ½ skalotteløg, hakket
- 2 spsk Tung creme
- 1½ tsk citronsaft
- knivspids salt
- knivspids hvid peber
- 2 spsk granuleret sukker
- ½ kop almindelig yoghurt
- ¼ kop creme fraiche
- 1 spsk citronsaft
- ¼ kop hakket purløg
- Hakket rød og gul peberfrugt

1. I en røreskål piskes osten meget blød. Purér laks i en foodprocessor til pasta; tilsæt æg et ad gangen og skalotteløg.

2. Placer lakseblandingen i skålen; bland fløde, citronsaft, salt, peber og sukker i; blandes godt. Vend til pisket flødeost.

3. Hæld i smurt 7- eller 8-tommer springform. Placer fyldt gryde i større bradepande; omgiv mindre gryde med 1 tomme varmt vand. Bages 25 til 30 minutter.

4. Imens laver du sauce.

5.

96. Majs og røget kalkunbudding

Udbytte: 4 portioner

Ingrediens

- 2 spsk Smør
- ½ kop finthakkede løg
- 1 kop fint skåret rød paprika
- 1 spsk majsstivelse opløst i hønsebouillon
- 1 kop Let fløde
- 4 æg, adskilt
- 1 tsk dijonsennep
- 2 kopper optøede frosne majskerner
- 1 kop strimlet røget kalkun
- Salt og friskkværnet sort peber

1. Varm smør i en 9-tommer stegepande. Kog løg og peberfrugt, indtil det er blødt og løgene er lidt brune.

2. Når de er afkølede, overføres disse til en røreskål og tilsæt majsstivelse, fløde, æggeblommer og sennep. Pisk godt for at blende.

3. Fold majs og kalkun i æggeblandingen. Smag til med salt og peber. Pisk æggehviderne, indtil de holder stive toppe, men ikke er tørre, og fold dem i æggeblommeblandingen. Overfør til den smurte bradepande og bag i 35 til 40 minutter eller indtil brun og hævet.

4. Server med et tilbehør af modne tomater i skiver og vinaigrette.

97. Tranebærkiks

Udbytte: 10 portioner

Ingrediens

- 2 kopper Brødmel
- 1 tsk bagepulver
- ¼ teskefuld Salt
- 2 spsk Grøntsagsforkortning
- 3 spiseskefulde sukker
- 1 pakke Tørgær
- ⅔ kop Varm, fedtfri kærnemælk
- 2 spsk varmt vand
- ½ kop tørrede tranebær
- Grøntsagsspray til madlavning
- 1 pund i tynde skiver kogt kalkunbryst
- Krydret sennep

1. Kom de første 3 ingredienser i foodprocessoren, og pulsér 2 gange eller indtil det er blandet. Tilsæt afkortning, og bearbejd i 10 sekunder eller indtil det er blandet.

2. Opløs sukker og gær i varm kærnemælk og vand i en lille skål; lad stå i 5 minutter. Med processoren tændt, tilsæt langsomt gærblandingen gennem madskakten.

3. Vend dejen ud på en let meldrysset overflade, og ælt tranebærene i. Rul dejen til $\frac{1}{2}$ tomme tykkelse; skæres med en 2-tommer kiks ud i 20 kiks.

4. Læg på en bageplade beklædt med madlavningsspray. Bages ved 425 grader i 8 minutter eller indtil de er gyldne.

98. Cremet røget laks og dildtærte

Udbytte: 6 portioner

Ingrediens

- 5 Ark phyllo - optøet
- 3 spsk Usaltet smør - smeltet
- 4 store æggeblommer
- 1 spsk dijonsennep - PLUS 1 tsk
- 3 store æg
- 1 kop Halv og halv
- 1 kop piskefløde
- 6 ounce røget laks - hakket
- 4 grønne løg - hakket
- $\frac{1}{4}$ kop dild

1. Smør generøst 9-$\frac{1}{2}$-tommers diameter dybtærteplade. Læg 1 filoplade på arbejdsfladen. Pensl filopladen med smør og fold den på midten.

2. Børst foldet overflade med smør. Skær i to på tværs. Læg 1 filo-rektangel, med smørsiden nedad, i den forberedte tærteplade. Pensl toppen af filoen i tærtefadet med smør. Placer det andet filo-rektangel i tærtepladen, dæk bunden og lad wienerbrødet hænge ud over en anden del af kanten med $\frac{1}{2}$ tomme; pensl med smør.

3. Forvarm ovnen til 350F. Pisk æggeblommer og sennep i en mellemstor skål for at blande. Pisk æg, halvt og halvt, fløde,

laks og løg og hakket dild i. Smag til med salt og peber. Hæld i forberedt skorpe.

4. Bages indtil midten er sat, cirka 50 minutter. Overfør til stativ. Fedt nok.

5. Pynt med dildkviste og server let lune eller ved stuetemperatur

99. Agurkerunder med røget laks

Udbytte: 40 forretter

Ingrediens

- 8 ounce flødeost, ved stuetemperatur.
- 2 ounce røget laks
- dråbe citronsaft (et par dråber)
- 3 spsk Tung creme
- Hvid peber efter smag
- 2 engelske agurker uden frø
- Pynt brøndkarseblad (opt.)

1. Kom ingredienserne til moussen i foodprocessorens skål og blend indtil blandingen er jævn. Afkøl mindst 30 minutter. Skær hver agurk på kryds og tværs i cirka 20 skiver, hver lidt mindre end $\frac{1}{4}$" tykke.

2. Agurker kan også skrælles, stribede med gaffeltænder eller skæres i dekorative former med kiksefræsere.

3. Saml hor d'oeuvres højst en time før servering ved at blødgøre moussen med en træske og lægge den i en kagepose med bladspids.

4. Sprøjt mousse ovenpå hver agurkeskive og pynt med et lille brøndkarseblad.

100. Latkes med røget laks

Udbytte: 1 portion

Ingrediens

- 2 pund kartofler, skrællede
- 1 æg
- 2 spsk Mel
- ½ tsk salt
- Kværnet peber efter smag
- 2 ounce røget laks, hakket
- 1 kop grønt løg, hakket
- 3 spsk vegetabilsk olie
- Røget laks Latkes

1. Riv kartofler, og pres så meget saft som muligt med hænderne.

2. Læg kartofler i en stor røreskål, tilsæt mel salt og peber; rør grundigt.

3. Tilsæt røget laks og grønne løg, rør for at kombinere 4. Hæld 1 spsk olie i en stor ovnfast bageform med lave sider; fordel olie over bunden.

4. Kom store spiseskefulde af kartoffelblandingen med ½ tomme fra hinanden i et smurt fad, flad let.

5. Bages i ovnen i cirka 8 minutter, eller indtil latkes er gyldenbrune.

KONKLUSION

Rygning er ikke længere kun til opbevaring. Det er nu almindeligt at se røget kalkun og ost i supermarkeder, da folk elsker denne smag. Røget bryst, ribben og kylling er nu berømte, men god smag er ikke begrænset til kød. Røgede grøntsager, nødder og endda frugter er ved at blive traditionelle delikatesser.

www.ingramcontent.com/pod-product-compliance
Lightning Source LLC
Chambersburg PA
CBHW070651120526
44590CB00013BA/908